DENTRO DE TI ESTÁ EL PODER

Henry Thomas Hamblin

Traducción de
Marcela Allen Herrera

WISDOM COLLECTION
PUBLISHING HOUSE

Wisdom Collection LLC
McKinney, Texas/75070
www.wisdomcollection.com

Dentro de Ti Está el Poder / Edición Revisada
Publicado en Estados Unidos
ISBN 978-1-63934-056-9

CONTENIDOS

PREFACIO

Existe un poder oculto en el ser humano, mediante el cual puede elevarse a cosas más altas y mejores. Existe en él un yo más grande, que trasciende el yo finito del ser-sensorial, así como la montaña se eleva sobre la llanura. El objetivo de este pequeño libro, es ayudar a hombres y mujeres a expresar sus poderes internos de la mente y el espíritu, sabiamente y en armonía con la ley universal; a construir el carácter, y a encontrar dentro de sí mismos ese maravilloso Yo, que es su verdadero ser, y que, cuando lo encuentran, les revela que son literal y verdaderamente hijos de Dios e hijas del Altísimo.

No hay ningún medio por el que se pueda "engañar" al destino, ni ningún dispositivo astuto por el que se pueda evadir el gran plan cósmico. Cada vida debe encontrar sus propios problemas y dificultades: cada alma debe pasar por sus aguas profundas, cada corazón debe encontrar el dolor y la pena. Pero nadie tiene por qué sentirse abrumado en los grandes conflictos de la vida, pues quien ha aprendido el gran secreto de su identidad con la vida y el Poder Universales, habita en una ciudad invencible, construida sobre y dentro de la Roca de la Verdad, contra la cual las tormentas de la vida golpean en vano.

Aunque esta pequeña obra no ofrece ninguna promesa vana de una vida fácil —pues, si esto fuera posible, sería el mayor de los desastres— sino que se esfuerza por mostrar cómo llegar a ser tan fuerte que la vida parezca prácticamente fácil (la vida o el destino no cambian ni se hacen más fáciles, sino que el individuo cambia y se hace más fuerte), en ella se muestra al lector cómo evitar que su vida sea más difícil de lo necesario. La vida de la mayoría de las personas estaría menos llena de problemas y sufrimientos si tomaran la vida con el espíritu correcto y actuaran en armonía con la Ley Universal.

Se espera que este pequeño libro pueda ayudar a muchos a entrar en armonía con la ley y el propósito de la vida y evitar así mucho sufrimiento innecesario; a encontrar el Gran Ser interior, cuyo descubrimiento trae consigo una realización de seguridad absoluta; a poner en expresión y utilizar sabiamente sus fuerzas internas espirituales y mentales, y entrar así en una vida de superación y poder casi ilimitado.

CAPÍTULO 1

PODER Y VIDA INFINITA

El ser humano posee, si lo reconoce, un poder ilimitado[1]. Este Poder es del Espíritu, por lo tanto, es invencible. No es el poder de la vida común, ni de la voluntad finita, ni de la mente humana. Trasciende estos porque, siendo espiritual, es de un orden más elevado que el físico o incluso el mental. Este Poder permanece latente y se oculta en el individuo hasta que esté lo suficientemente evolucionado y desarrollado para que se le confíe su uso.

El pensamiento es un poder espiritual de enorme potencia, pero este no es el poder del que hablamos. Por medio del pensamiento, el individuo puede elevarse y conectarse con la "Casa de Poder" del Universo, o desconectarse por completo del Flujo Divino. Su pensamiento es su mayor arma, porque, por medio de él,

---

[1] Los poderes de la mente subconsciente se tratan en otros capítulos. Los poderes del Espíritu son mucho más grandes y finos que los de la mente subconsciente.

HENRY HAMBLIN

puede atraer al Infinito o separarse (en la conciencia, pero no en la realidad) de su Fuente Divina.

A través de la chispa Divina dentro de él, que es realmente su verdadero Ser, el individuo está conectado con el Infinito. La Vida y el Poder Divinos son suyos, si se da cuenta de que son suyos. Mientras ignore su unidad con la Fuente Divina de toda vida, será incapaz de apropiarse del poder que es realmente suyo. Sin embargo, si entra en este conocimiento interior, se encuentra en posesión de un poder infinito y de recursos ilimitados.

Por lo tanto, este Poder es de Dios, pero también es del ser humano, pero no se le revela hasta que es apto para que se le confíe. Solo cuando el individuo se da cuenta de su unidad con la Fuente Divina, se llena de su poder.

Muchos maestros e iniciados lamentan el hecho de que hoy en día se difundan abiertamente ciertos secretos que, en el pasado, se mantenían estrechamente guardados. Temen que personas no iluminadas y no evolucionadas puedan hacer un uso destructivo del poder espiritual. Al escritor le parece que esto es improbable. Es cierto que las personalidades fuertes, que tienen una gran creencia en su propio poder para lograr y tener éxito, recurren inconscientemente a los poderes ocultos, y así son capaces de elevarse por encima de sus semejantes. Sin embargo, el empleo que pueden hacer del poder espiritual para fines bajos es limitado, y no es de temer. Por supuesto, hay otros que hacen un mal uso de sus poderes. Se trata de los magos negros, y aunque pueden hacer cierto daño, en última instancia se ven reducidos a la mendicidad y la incompetencia. También hay otros que

2

dedican todo su tiempo libre a buscar conocimientos sobre este mismo tema. Leen todos los libros de ocultismo que pueden conseguir, pero nunca encuentran lo que buscan. Hay poderes e influencias espirituales que impiden que los ojos de los buscadores vean, hasta que estén preparados para la revelación.

Cuando el individuo, en su búsqueda de la Verdad, ha renunciado a todo esfuerzo egoísta en favor de cosas indignas, y ha dejado de usar su voluntad propia en conflicto con la Voluntad mayor del Todo, está listo para la revelación de su unidad con el Infinito. Ceder implícitamente a la Voluntad del Todo a los no iluminados les puede parecer un acto de debilidad, sin embargo, es la entrada a una vida de poder casi ilimitado.

El ser humano no está separado de su Fuente Divina y nunca lo ha estado. En realidad, es uno con el Infinito. La separación que siente y experimenta es mental, y se debe a su ceguera e incredulidad. El individuo nunca puede separarse del Espíritu, porque él mismo es Espíritu. Es una parte integral de un todo completo. Vive y se mueve y tiene su ser en Dios (Espíritu universal, omnipresente), y Dios (Espíritu) habita en él. La mayoría de las personas no son conscientes de esta íntima relación con lo Divino y, debido a que no son conscientes o porque se niegan a creerlo, en cierto sentido, están separadas de la vida interior de Dios. Sin embargo, esta separación es solo en sus pensamientos y creencias, y no en la realidad.

El individuo no está separado y nunca podrá estarlo, pero mientras piense que está separado y solo, será tan débil e indefenso como si lo estuviera. Tan pronto como se da cuenta de la verdad de su relación con el Infinito, pasa de la debilidad al poder, de la muerte a la vida. Un momento está en el desierto, lejos, débil, separado y solo; al siguiente, se da cuenta de que es nada menos que un hijo de Dios, con todos los privilegios y poderes de un hijo. Se da cuenta, en un instante, de que es uno con su Fuente Divina, y que nunca podrá separarse. Despierta también al hecho de que todo el Poder del Infinito es suyo para recurrir a él; que nunca puede fallar realmente, que está marchando hacia la victoria.

Así se verá cuán grande es el poder del pensamiento humano. Si bien el pensamiento no es el poder del Espíritu, es el poder por el cual el individuo se conecta con el Poder Infinito, abriéndose al Flujo Divino, o se corta y se separa de su Fuente Espiritual. Así, en cierto sentido, el individuo es lo que cree que es. Si piensa que está separado de Dios y cortado de Su Poder, entonces es como si realmente fuera así, y es tan impotente y miserable como si realmente existiera aparte de Dios. Por otro lado, si piensa y cree que es uno con el Infinito, descubre que es gloriosamente cierto, y que realmente es un hijo de Dios. Si cree y piensa que es un simple ser material, entonces vive la vida limitada de un ser material, y nunca puede elevarse por encima de ello. Pero si, por el contrario, piensa y cree que es un ser espiritual, entonces descubre que posee todos los poderes de un ser espiritual.

Así también, si piensa que su trabajo es difícil y que no está a la altura de sus tareas, descubre que realmente sus tareas son difíciles y están más allá de sus poderes. En

4

cambio, si cree que su trabajo es fácil o, en todo caso, que está dentro de sus posibilidades, descubre que es así y que puede hacer su trabajo con facilidad.

El poder interno es infinito, por la fe en él, el individuo se "conecta" directamente con el Poder Espiritual del Universo. La Chispa Divina dentro de él lo conecta con la Llama Sagrada, convirtiéndolo así en un dios en potencia. Por tanto, debe producirse un cambio dentro del individuo antes de que pueda entrar en su herencia divina. Debe aprender a pensar según el Espíritu, es decir, como un ser espiritual, en lugar de hacerlo según la carne, es decir, como una criatura material. Como el hijo pródigo, debe "volver en sí" y dejar las algarrobas y los cerdos en el país lejano, regresando a la casa de su Padre, donde hay pan (de vida) suficiente y de sobra.

CAPÍTULO 2

SUPERACIÓN DE LAS DIFICULTADES

El verdadero objetivo de la vida es que las personas alcancen la sabiduría a través de la experiencia. Esto no puede lograrse cediendo a las dificultades de la vida, sino solo superándolas. Las promesas de Dios no están hechas para aquellos que fracasan en la batalla de la vida, sino para aquellos que vencen. Tampoco hay promesas de que las personas tendrán una vida fácil y serán felices para siempre. Sin embargo, esto es lo que la mayoría de la gente busca constantemente: una vida fácil, un buen momento, la liberación del sufrimiento y de las preocupaciones. Pero, a pesar de toda su búsqueda, nunca pueden encontrar lo que desean. Siempre hay una mosca en el ungüento de su placer, algo que les roba la verdadera felicidad o, posiblemente, una combinación de circunstancias conspira para desbaratar todos sus planes.

La vida es una paradoja; el verdadero objetivo de la vida no es alcanzar la felicidad, sin embargo, si alcanzamos el verdadero objetivo de la vida encontramos la felicidad. Aquellos que ignoran el verdadero objetivo de la vida y que buscan la felicidad por todos lados, año tras año, no la encuentran. Como una quimera, siempre se les escapa. En cambio, los que reconocen el verdadero objetivo de la vida y lo siguen, alcanzan la felicidad sin buscarla.

En tiempos pasados, la gente hizo de Dios una conveniencia. Pensaban que podían ir a la deriva por la vida, sin aprender nada de su disciplina y luego, cuando tuvieran problemas o las cosas no fueran de su agrado, podían rezar a Dios y hacer desaparecer las circunstancias desagradables. La misma idea prevalece hoy en día. La gente ha abandonado la vieja ortodoxia y busca varios "cultos" e "ismos" para salir de sus dificultades. Ahora no creen que puedan obtener un favor especial de Dios mediante la oración, sino que creen firmemente que pueden obtener lo que quieran de lo invisible reclamándolo. Creen que de este modo pueden salirse con la suya después de todo. Con esto quieren decir que lo pasarán bien, sin experiencias desagradables, ni pruebas, ni dificultades, ni adversidades. Sin embargo, solo persiguen el arcoíris. La vida fácil que buscan se les escapa constantemente, simplemente porque no existe tal cosa. La única vida que es fácil es la del alma fuerte que ha vencido. Su vida no es fácil en realidad, pero parece relativamente fácil debido a su fuerza.

Es imposible tener una vida fácil y, si fuera posible, entonces la vida no valdría la pena vivirla, porque el único objeto de la vida es la construcción del carácter y el logro de la sabiduría a través de la experiencia. La vida para todos nosotros debe estar siempre llena de dificultades, y es para ayudar a aquellos que, hasta ahora, han encontrado que la vida es demasiado para ellos, que se ha escrito este libro. Lo que la mayoría busca es una vida fácil (que nunca encontrarán, sino precisamente lo contrario) y para ellos no tengo ningún mensaje. Pero para aquellas almas sabias y despiertas que buscan la Verdad, no importa de dónde venga, y que desean superar la vida y sus dificultades, en lugar de ceder débilmente ante ellas, se espera que este libro les traiga un mensaje.

En este momento no podemos entrar en el tema de por qué debemos encontrarnos con desastres y adversidades en esta vida, ni por qué algunas personas deben tener, aparentemente, una vida más suave que otras. Por lo tanto, debemos conformarnos con saber que tenemos que enfrentarnos a los problemas y superar las dificultades, y que solo así podemos alcanzar la sabiduría y forjar el carácter. La cuestión, entonces, no es si enfrentaremos los problemas y la adversidad o no, sino cómo los enfrentaremos. ¿Seremos victoriosos o nos hundiremos? ¿Superaremos las dificultades de la vida o nos rendiremos ante ellas?

La mayoría de las personas son navegantes a la deriva en el mar de la vida. Son llevados de un lado a otro por todas las corrientes. Solo unos pocos se dan cuenta de que tienen el Poder del Infinito dentro de ellos, por el cual pueden elevarse por encima de todas sus dificultades, superar sus propias debilidades y, a través de la experiencia victoriosa, alcanzar la sabiduría.

En este punto, algún lector práctico puede decir que alcanzar la sabiduría está muy bien, pero lo que quiere es una ayuda práctica. Quizás esté sin trabajo, esté enfermo en su casa y esté endeudado. O bien, puede tener una buena posición económica y, sin embargo, se encuentra en la más profunda angustia y miseria. A todos ellos les diría que poseen el Poder por el cual pueden superar todas sus dificultades y, a través de la superación, alcanzar la sabiduría. El éxito de una persona depende, más que nada, de su fe: su fe en el buen propósito de la vida, su fe en el Poder del Infinito en su interior y su capacidad para superar todos los obstáculos en su camino.

El grado de Poder que el individuo puede traer a su vida es la medida de su fe en ese Poder. Si su fe en él es pequeña, entonces su vida será débil y carente de logros. Si su fe en el Poder dentro de él es grande, entonces será grande el poder que se manifieste en su vida. El Poder del Infinito es ilimitado e inagotable, todo lo que se requiere es una creencia y confianza inquebrantable en él. Los más débiles y tímidos pueden hacer uso de este Poder. Existe el mismo Poder en los tímidos y débiles que en los valientes y fuertes. La debilidad de los primeros se debe a la falta de fe y creencia en el Poder Infinito que hay en ellos.

En toda vida habrá dificultades y problemas, y a veces desastres y desengaños, cuando la tierra misma se desploma bajo los pies; sin embargo, invocando el Poder interno, es posible levantarse de las ruinas de las esperanzas atesoradas, más fuerte y "más grande" a través de la experiencia. La felicidad y el verdadero éxito dependen de cómo se afronten los problemas y dificultades de la vida. La adversidad llega a todos, pero si se afronta de la manera correcta, incluso el fracaso puede convertirse en el trampolín hacia el éxito. Los problemas llegan a todos, pero, mientras que fortalecen a algunas personas y las hacen mejores en todos los sentidos, sumergen a otras para que nunca vuelvan a levantarse. El problema es el mismo, lo que marca la diferencia es la forma de afrontarlo. Aquellos que se enfrentan a las dificultades y a la adversidad con la débil fuerza de sus mentes finitas y su falsa personalidad son rápidamente abrumados y quebrantados por las tormentas de la vida. Pero aquellos que confían y tienen fe en el Poder dentro de ellos, nunca pueden ser abrumados, ni pueden ser derrotados. El Poder, siendo infinito, es siempre suficiente, no importa cuán grande sea la necesidad.

Aquel que reconoce su propia identidad espiritual real, sabe que nunca puede morir, que nunca puede ser derrotado, que nunca puede fracasar realmente. Puede perder su cuerpo a través del cambio que se llama muerte; pero él, el verdadero ser, nunca puede morir. Tampoco puede fracasar, aunque sea derrotado mil veces, debe levantarse nuevamente.

Solo ten fe en el Poder Espiritual dentro de ti y podrás conocer todas las alegrías de la superación y el éxito. Todas las cosas serán tuyas. Busca primero el Reino dentro de ti (tu unión espiritual con el Infinito, y la armonía con la Voluntad y el Propósito Divinos) y todas estas cosas te serán añadidas. No tendrás que temer al mañana, porque sabrás que ya se han hecho todas las provisiones. No habrá necesidad de acumular riquezas, porque los suministros diarios necesarios siempre estarán disponibles. No habrá necesidad de vivir cerca de un médico, porque Dios, la Vida Infinita, será tu salud. No habrá necesidad de arrepentirse o lamentarse, porque sabrás que todo está bien. No habrá miedo a los acontecimientos futuros, porque reconocerás que el Infinito no comete errores.

CAPÍTULO 3

¿DESTINO O LIBRE ALBEDRÍO?

En el pasado ha habido una gran controversia sobre el polémico tema del destino frente al libre albedrío. Por un lado, los fatalistas afirman que el individuo está tan estrechamente ligado a la rueda del destino que es imposible que viva su vida de una manera diferente a la que está trazada para él. Puede aportar una cantidad de pruebas de primera clase en apoyo de su declaración y cree en su teoría con todo su corazón. Por otro lado, el defensor del libre albedrío cree de todo corazón que el individuo no está atado en absoluto, siendo tan libre como el aire. Él también puede aportar abundantes pruebas en apoyo de su teoría, que le confirman en su creencia. Cada uno de ellos piensa que el otro está equivocado, pero ¡no pueden ambos estar equivocados! Por lo tanto, examinemos el tema por nosotros mismos, ya que es importante y está íntimamente relacionado con el asunto que trata este libro.

En primer lugar, digamos que ambos están equivocados, en parte, y correctos, en parte. El ser humano está atado a la rueda, pero, al mismo tiempo, tiene libre albedrío. Expliquemos, pues, esta aparente paradoja.

Es una antigua verdad de la enseñanza interna que el individuo, cuando no está evolucionado y antes de "desarrollarse", está muy atado a la rueda del destino. Quien no evolucionado sigue sus deseos, creando así para sí mismo un futuro del que no puede escapar. Sin embargo, cuando se vuelve más evolucionado y emancipado, comienza a resistirse a seguir sus deseos y, en cambio, se esfuerza por seguir cosas más elevadas. Esto crea para él un futuro mejor y así se vuelve libre en comparación con su anterior estado de esclavitud. El individuo es esclavo del destino mientras sea esclavo de los deseos del plano terrestre. Sin embargo, es libre de superar las cosas inferiores y así elevarse a las superiores. Cuando lo hace, deja de crear un futuro doloroso para sí mismo y se vuelve libre.

Por lo tanto, existe un destino que es autocreado. Es necesario reconocer esto antes de seguir adelante. Aquel que no ha tenido mucha experiencia de la vida o que no ha sido un observador cuidadoso, puede negar que existe tal cosa; pero quien ha tenido grandes cambios en su vida, contra los que ha luchado y peleado en vano, sabe que hay un propósito que actúa detrás de los acontecimientos de la vida, contra el que incluso los reyes y los hombres poderosos son impotentes. Hay momentos en la vida del individuo en los que mueve cielo y tierra, hablando en

13

sentido figurado: reza hasta que no puede rezar más; sacrifica, tal vez, su dinero, su salud, sus esperanzas y hace todo lo que está en el poder de un ser humano en un vano intento de evitar un amenazador desastre. Pero, a pesar de todos sus esfuerzos, a pesar de sus gritos a un cielo despiadado, la marcha implacable del destino no puede detenerse. Avanza como un enorme monstruo y aplasta sus esperanzas, su ídolo más querido, su propia vida o todo lo que hace que su vida valga la pena, y lo deja desolado.

Entonces, te preguntarás: "Si el destino es tan despiadado y tan poderoso, ¿qué se puede hacer con él y dónde entra libre albedrío en el asunto?" En respuesta, debe admitirse de inmediato que no sirve de nada luchar contra el destino. Cuanto más lucha el individuo, más se destroza por completo. Hay ciertos acontecimientos esenciales en cada vida que deben producirse. Estos acontecimientos y cambios son inevitables y es inútil luchar contra ellos. Aunque estas cosas, que constituyen lo que llamamos destino, son inevitables y, por lo tanto, no pueden eludirse, depende de nosotros mismos la forma en que nos enfrentemos a estas adversidades y desastres. Si nos enfrentamos a ellas de forma equivocada, nos destrozan. Por el contrario, si las afrontamos de forma correcta, nos hacemos más fuertes gracias a la disciplina y a la experiencia, y así estamos mejor preparados para soportar las responsabilidades de la vida y superar sus dificultades y tentaciones. Quien se enfrenta a los contratiempos, las penas, los duelos y las catástrofes de la vida con el espíritu adecuado, se convierte en un carácter fuerte y rico. Se vuelve maduro a través de la experiencia, fuerte, estable, una influencia útil para todos los que lo conocen.

Cuando las cosas van bien y la vida es una ronda feliz, no parece necesaria ninguna filosofía o religión, y en cuanto a un poder interior, "qué más da, podemos estar muy bien sin él". Eso dicen los irreflexivos e inexpertos, pero hay momentos en la vida en los que, no solo es necesaria una filosofía, y muy sólida, sino también un poder, del que el yo finito no sabe nada, para levantar el alma del polvo y las cenizas de su desesperación. Una cosa es tratar de enfrentar los problemas y las adversidades con el espíritu correcto, y otra muy distinta es tener el poder para hacerlo. El que piensa que no tiene ningún poder en su interior, sino que todo el poder está en las circunstancias, nunca podrá salir victorioso de sus problemas y convertirse en un conquistador de las dificultades de la vida; pero el que se da cuenta de que posee un poder maravilloso que puede levantarlo, por muy aplastado que esté, nunca podrá ser un fracaso en la vida. No importa lo que le suceda, él interpretará el papel protagónico y actuará con nobleza. Se levantará de las ruinas de su vida y la construirá de nuevo con mayor belleza y esplendor.

En este punto es necesario señalar que hay una diferencia entre el "gran destino" y las circunstancias de la vida. El "gran destino", como a veces se le llama, es anterior a esta vida presente y su causa no entra en el ámbito de este pequeño libro. [*]Es suficiente aquí decir que, a través de los tiempos, cosechamos lo que sembramos, por lo tanto, nuestro futuro depende de cómo enfrentamos la vida y sus dificultades ahora. Entonces, el gran destino no puede ser combatido con éxito, simplemente porque es la obra de la Ley Omnipotente, pero nuestra vida en general y sus circunstancias dependen de cómo nos enfrentamos al "gran destino", y cómo nos recuperamos de él. No importa lo aparentemente cruel que sea el "destino", es posible que hagamos de nuestra vida algo hermoso. Inspirados y energizados por el Poder interior, podemos levantarnos de las cenizas de nuestras esperanzas muertas para construir de nuevo nuestra vida en mayor belleza y más en armonía con el Ideal Divino.

*

[*] Además del "destino" o "futuro" que construye cada pensamiento y acción, detrás de toda evolución hay un plan gigantesco. Este maravilloso plan que lo abarca todo, desde la formidable concepción de un universo ilimitado hasta el más pequeño electrón, se está elaborando a través de las edades con absoluta precisión. Nada puede impedir que este plan se manifieste. Recoge nuestro pasado y lo entreteje en nuestra vida presente, del mismo modo que está recogiendo nuestra vida presente y la entreteje en el destino futuro. De alguna manera, y con infinita habilidad, lo integra todo en el gran plan. El plan está destinado a ser seguido (esto también es el destino), pero cómo lo seguimos, ya sea con voluntad y felicidad, o

con oposición o desdicha, depende de nosotros (esto es, el libre albedrío).

Los que han estudiado las ciencias ocultas pueden decir "¿qué pasa con las influencias planetarias?". Señalarán que, según la antigua ciencia de la astrología, la vida de una persona está determinada por la "estrella" bajo la que ha nacido. Esto es cierto, si cede a las influencias que se encuentran en su camino. En diferentes momentos de su vida, el individuo se encuentra con influencias que a veces son favorables y otras veces, adversas. Sin embargo, estas influencias son solo influencias después de todo, y aquel que se mantiene firme durante los períodos de adversidad y se niega a ceder, confiando en el gran Poder interno para que lo lleve adelante, encontrará que puede superar todas las tormentas de la vida y salir muy fortalecido de sus pruebas. No puede evitar que estas influencias lleguen a su camino de vida, pero puede elevarse por encima de ellas. Se encontrará con fracasos y contratiempos, pero los convertirá en peldaños hacia el éxito. Experimentará penas y aflicciones, pero a partir de ellos construirá un carácter más fino y ascenderá a cosas más elevadas. Sin embargo, el que se rinde a estas cosas, negándose a levantarse de nuevo y a reconstruir su vida, se condena a sí mismo a un mayor sufrimiento, haciendo así que su vida naufrague por completo.

Que el desalentado se anime de nuevo. Cree en el Poder que hay dentro de ti y te elevarás a alturas antes insospechadas. Con la ayuda de este Poder, puedes lograr lo aparentemente imposible.

Anexo al Capítulo 3

Nuestra vida aquí no está gobernada por un Ser caprichoso que sopla primero caliente y luego frío, o que favorece a una persona y tortura a otra. El Ser Supremo trabaja a través de leyes que son absolutamente justas e inmutables. Por lo tanto, todos los desastres y problemas en la vida son el efecto de ciertas causas. Estas causas son nuestras propias acciones erróneas en el pasado, que ponen en movimiento fuerzas, contra las cuales el poder y el ingenio y la sabiduría humana no tienen poder. [*]. Sin embargo, ya que la ley fundamental del Universo es el amor, se deduce que la operación de la ley de causa y efecto no es vengativa. Su objetivo es nuestro bien más elevado, es decir, ponernos en unión con la Divinidad o en sintonía con el Infinito. Por lo tanto, al elevarnos a un plano superior y entrar en mayor armonía y unión con lo Divino, le quitamos al gran destino algo de su poder. No podemos oponernos a él, porque al hacerlo luchamos contra la Omnipotencia, pero podemos adelantarnos a él haciendo deliberadamente, y por nuestra propia voluntad, eso mismo que la experiencia viene a enseñarnos.

[*] Otra causa es que el alma no ha aprendido ciertas lecciones, por lo que, en esta vida, se llevan a cabo muchas experiencias dolorosas, de tal manera que se enseñan las lecciones necesarias. Sin embargo, las lecciones se aprenden solo si las experiencias dolorosas o desagradables se afrontan de la manera correcta. Mientras

el individuo crea que es tratado injustamente por el destino y que no "merece" lo que la vida le depara, intensifica sus problemas, tanto ahora como en el futuro, al no aprender las lecciones que la vida quiere enseñarle. Sin embargo, cuando el individuo se da cuenta y admite que la vida es justa y que la causa de todos sus problemas está dentro de sí mismo, al igual que el hijo pródigo, vuelve en sí y, poco después, comienza su viaje de regreso a casa. Otra causa es que el alma tiene un carácter deficiente. La fuerza y la estabilidad del carácter pueden construirse a través del enfrentamiento del alma con los problemas y las dificultades. Una vez más, hay que señalar que deben afrontarse con el espíritu adecuado.

☙

Entonces, se verá que nuestro futuro depende enteramente de la forma en que pensamos y actuamos en esta vida. Nuestro futuro está en nuestras propias manos. Si infringimos la ley del amor en esta vida, creamos un desastre y un sufrimiento para el futuro, al que habrá que hacer frente algún día, en la forma de un "gran destino" de carácter doloroso. Por lo tanto, al pensar y actuar correctamente ahora, no solo mejoramos las condiciones de esta vida, sino que también creamos un futuro que será más armonioso y más libre que cualquier cosa que hayamos experimentado hasta ahora.

También es necesario señalar que, incluso en esta vida, algunos de sus grandes desastres son el resultado de pensamientos y acciones cometidas durante esta existencia actual. Un joven o una joven puede cometer una locura que le traiga, en la vida futura, una terrible retribución. O puede hacerle un grave mal a alguien y años después otro le hace el mismo mal a él. En este plano de causa y efecto, siempre es ojo por ojo y diente por diente, pero la gran regadera del camino, mediante su enseñanza del poder del amor, nos permite elevarnos por encima de estas cosas inferiores y vivir una vida de armonía y paz.

CAPÍTULO 4

CAUSA Y EFECTO

El individuo es la causa de los desastres en su vida. Recoge a través de los tiempos exactamente lo que sembró. La vida es perfectamente justa y recompensa a cada persona según sus obras. El destino del presente es la cosecha de su siembra, tal vez, en un pasado lejano. Por lo tanto, los desastres y sufrimientos de esta vida no deben atribuirse a la interferencia de un Dios caprichoso e irrazonable, pues la verdad es que se deben al funcionamiento exacto de una ley perfectamente justa. Una vez creado, el destino es irrevocable. No puede ser combatido ni evadido. Luchando contra el destino, el individuo no hace más que destrozarse a sí mismo. Hacerlo equivale a golpear la cabeza contra un acantilado de piedra: cuanto más fuerte se embiste, mayor es el daño que sufre la cabeza, pero el acantilado no se ve afectado. El destino, aunque en gran parte creado por uno mismo, es realmente el propósito divino de la vida, por lo tanto, resistirse a él es luchar contra Dios. El destino no es un castigo, en ningún sentido vengativo, sino que es la reunión de ciertas experiencias correctivas, a través de las cuales, el alma puede aprender las lecciones que no ha aprendido en épocas pasadas y así alcanzar sabiduría. El objetivo del destino es el bien más elevado del individuo, aunque pueda conllevar sufrimientos y experiencias dolorosas.

Ya que los desastres en la vida del individuo se deben a las malas acciones del pasado, naturalmente se deduce que su futuro depende del tipo de vida que vive hoy. Si en el pasado ha creado para sí mismo una secuencia de acontecimientos y experiencias de las que le es imposible escapar, es obvio que sus vidas futuras dependen totalmente de cómo viva la actual. Se verá que si el individuo puede aprender las lecciones de la vida presente y vivir de tal manera que deje de crear problemas para el futuro, estará comenzando a escalar el Camino de la Liberación, que es el camino que todas las almas avanzadas tienen que seguir o, más bien, tienen el privilegio de seguir. Al seguir este camino, el individuo deja de estar atado a la rueda del destino.

Esta pequeña obra no enseña la reencarnación, pero su enseñanza se basa en la creencia de que el ser humano, en realidad, es un ser espiritual, una Chispa Divina del Fuego Sagrado. El espíritu, siendo inmortal, no tiene principio ni fin, por lo tanto, vive siempre. Esta vida presente es una de innumerables experiencias, cada una de las cuales ayuda a construir el carácter. No hay muerte, solo cambios de un vehículo a otro. No hay principio, ni fin, ni tiempo, en la realidad, estas son simples limitaciones de la mente humana. Es imposible que la persona muera, solo puede dejar su cuerpo. No puede suicidarse, aunque lo intente: solo puede forzar su salida del cuerpo. Debe continuar siempre, lo quiera o no, avanza a través de los tiempos, cosechando exactamente lo que siembra.

Ya hemos visto que el individuo no puede evitar o luchar exitosamente contra el destino, pero puede liberarse de la rueda del destino viviendo una vida en armonía con la Ley Divina. [*] En este punto es necesario señalar que la mayoría de los problemas del individuo no son causados por el destino en absoluto, sino que se deben a su lucha contra el gran plan o a su intento de resistirlo. Si se resiste a las experiencias de la vida, o se hace un intento por evadir su disciplina, los problemas y las dificultades se repetirán, volviéndose más dolorosos e insistentes hasta que se aprenda su lección y la vida cambie en consecuencia. Por lo tanto, la persona tiene en su poder mejorar en gran medida su vida presente, así como crear un futuro mucho mejor, simplemente viviendo su vida actual en armonía con la Ley Divina. Además, es necesario señalar que todo pensamiento y acción tienen un efecto inmediato y de largo alcance. Es cierto que el efecto completo de la vida aquí no se cosecha hasta después de que nuestro pequeño curso en este plano se ha ejecutado, no obstante, se producen grandes diferencias en la vida actual.

La forma en que un joven aprovecha o desperdicia sus oportunidades, hace o estropea, en gran medida, su carrera adulta. Una vez que se dejan pasar las oportunidades, no se pueden recuperar. Los pecados y las faltas cometidas a nuestros semejantes tienen la desagradable costumbre de repetirse de forma inversa más adelante en la vida. Por ejemplo, alguien puede avanzar en la vida y, en su egoísta escalada, puede pisotear a uno más débil que él, arruinándolo y llevándolo a la desesperación. Años después, es probable que sea tratado exactamente de la misma manera por alguien más fuerte y mejor posicionado que él. Por lo tanto, hay una siembra y una cosecha inmediatas que encuentran su fruto en esta vida. Por "inmediata" se entiende, dentro del alcance de esta vida. La cosecha puede demorarse diez o veinte años, pero según la experiencia del escritor, frecuentemente llega. "Todo lo que un hombre siembra, eso también cosechará". En consecuencia, aquellos que piensan que la vida no es justa, y se quejan y reclaman por la forma en que son tratados, no hacen más que aumentar sus propios problemas. Hasta que la persona no se dé cuenta de que la causa de todos sus problemas está dentro de ella misma, no podrá hacer nada para remediarlo, porque, obviamente, lo único que se requiere es que cambie por dentro. El individuo tiene que cambiar por dentro antes de que su vida pueda ser alterada. Sus pensamientos, sus ideales, su actitud ante la vida deben transformarse. Cuando este cambio se ha efectuado, no solo comienza a reparar su vida actual, sino que crea una vida más justa y noble para el futuro.

[*] Este es el secreto interno de toda la enseñanza esotérica. El nuevo nacimiento, o regeneración, significa el despertar del alma a la consciente inmortalidad. El

antiguo yo, que estaba atado a la rueda del destino y al plano de causa y efecto —del cual nunca pudo liberarse, debido a que continuamente se ataba de nuevo a la rueda, siguiendo deseos egoístas— muere, y nace un nuevo yo. En otras palabras, la conciencia se eleva del plano del pecado y la muerte, de la sensualidad y el deseo, de la restricción y el cautiverio, al plano superior del Espíritu, donde el individuo se da cuenta de que es un hijo de Dios. Descubre que la chispa Divina interior es su verdadero Ser. También se da cuenta de que siempre ha vivido en su verdadero Ser espiritual. El principio y el fin, como el cambio y la decadencia, pertenecen exclusivamente al plano material y no tienen lugar en la Realidad. Forman parte de esta existencia tridimensional presente, pero no tienen realidad. El ser infinito es la realidad. Cualquier cosa que no sea esto es una simple ilusión. Por lo tanto, no es necesario creer en la teoría de la reencarnación o que todas nuestras experiencias deban tener lugar necesariamente en este plano. Basta con saber que no podemos morir nunca, que no podemos escapar de nosotros mismos, y que dejar de buscar con todo nuestro corazón la unión nuevamente con nuestra Fuente Divina no es más que prolongar nuestros sufrimientos.

☙

Entonces, el individuo tiene que cambiar. Sus deseos y aspiraciones, en lugar de dirigirse hacia el odio y el mal, deben transformarse en amor y bien. En lugar de revolcarse en la lujuria y el egoísmo, debe elevarse a

HENRY HAMBLIN

cosas más altas y mejores. ¿Cómo se puede hacer esto? No puede ser logrado por el ser finito en absoluto, pero puede ser logrado por el Poder Infinito en su interior. Solo cuando el individuo se da cuenta de su unidad con el Infinito y cree que el Poder Omnipotente está a su disposición, el Poder Espiritual interno se vuelve disponible. Mientras el individuo tenga dudas, temores o incredulidad, este poder especial no estará disponible. Es suyo, pero su estado de corazón y mente le impide darse cuenta de la presencia del Poder o hacer uso de él. Antes de que la maquinaria de un taller pueda funcionar, debe estar conectada con la fuente de energía. Del mismo modo, antes de que la persona pueda vivir la nueva vida, debe hacerse una con la Vida y el Poder Infinitos.

Entrar en esta nueva vida de poder, no quita las experiencias de la vida, sus pruebas, problemas y adversidades, pero el cambio interno evita la creación de problemas y sufrimientos innecesarios. Además, incluso el llamado destino cruel, pierde gran parte de su poder de herir, ya que cuanto más se eleva la persona en unión con Dios y el Amor Infinito, menos poder tiene en su vida. Sigue actuando, pero no hiere tan profundamente, porque el individuo, viendo con ojos iluminados, sabe que es el bien que ha venido a bendecir; y no el mal que ha venido a matar. El destino doloroso pierde su poder de lastimar cuando el individuo deja de resistirse a él y lo recibe con los brazos abiertos, buscando aprender las lecciones que tiene que enseñar.

CAPÍTULO 5

ÉXITO

Lo que aquí se entiende por éxito es el logro de algo valioso, que haga al mundo mejor y más rico, y que aporte algo al bien común. Nuestra esfera en la vida puede ser muy humilde, pero si superamos nuestras propias debilidades, ayudamos a otros en el camino de la vida, y hacemos nuestro trabajo diario lo mejor posible, nuestra vida no puede dejar de ser exitosa. Si al final de nuestra vida, podemos estar agradecidos por ella, dándonos cuenta de que la hemos aprovechado al máximo, habremos alcanzado el verdadero éxito.

Para los no iluminados, el éxito puede significar la acumulación de riquezas y la conquista de la fama. Sin embargo, los que entregan su vida a la adquisición de estas cosas son los mayores fracasados de la vida. Ganan riqueza, es cierto, pero descubren que su dinero solo puede comprar aquellas cosas que no traen ninguna satisfacción, que no puede comprar ninguna de las cosas que realmente son valiosas. El éxito de este tipo vacío puede ser alcanzado, pero a un precio demasiado grande. El Maestro más grande de todos, dijo una vez:

"¿De qué le sirve al hombre ganar el mundo entero y perder su propia alma?"

¿De qué le sirve a una persona "tener éxito" a costa de la felicidad, de la salud, de la alegría de vivir, de la vida cotidiana y de la capacidad de apreciar las bellezas de la naturaleza y los simples placeres? No obstante, el individuo debe ser un luchador. Debe buscar siempre cosas mejores y expresarse más perfectamente. Quien va a la deriva por la vida, sin esforzarse por alcanzar cosas mejores, no es digno del nombre de ciudadano. El ser humano, si ha de ser digno de ese nombre, debe esforzarse siempre, superarse, levantarse. El fracaso en la vida se debe siempre a la debilidad del carácter. Solo los caracteres fuertes pueden resistir los golpes de la vida y superar sus dificultades. El que quiera hacer que su vida sea digna de respeto y elevarse a un alto logro y servicio, se enfrentará a las dificultades a cada paso. Así es como debe ser, ya que elimina a los débiles y a los aspirantes indignos, y otorga el botín a aquellos que muestran fe, valor, constancia, paciencia, perseverancia, persistencia, alegría y fuerza de carácter, en general.

El éxito, especialmente el éxito material, en sí mismo, no es de mucho beneficio para quien lo gana. No satisface por mucho tiempo, pero es valioso en otros aspectos. Por ejemplo, el éxito basado en el servicio es un beneficio para la comunidad. Si no fuera por las personas de éxito de este tipo, el individuo común en la rutina lo pasaría mal. Además, la obtención del éxito forja el carácter. Aquel que quiera tener éxito en la batalla de la vida, debe estar preparado para ser probado y puesto a prueba de todas las maneras posibles. Aquel que sobrevive a todas ellas, forja el carácter en casi todas las direcciones. Sin embargo, incluso en su éxito, será tentado y probado. Aquel que se dedica a la dura lucha de los negocios, o que participa en la vida pública, si no se vigila muy cuidadosamente, puede volverse duro e insensible. De todos los fracasos, este es probablemente el peor. El que tiene éxito en otras direcciones y se convierte en un "ser duro", después de todo, es un lamentable fracaso.

Una vez más, las personas del tipo exitoso, que se esfuerzan y escalan, son tentadas mucho más que aquellas que tienen miedo de aventurarse y que permanecen en el valle de la mediocridad. Esto es cierto, no solo para aquellos que buscan escalar el empinado camino del logro espiritual, sino también para aquellos que tienen éxito en los asuntos mundanos. En cada caso, han puesto a su disposición grandes poderes e influencia, con las que el individuo común apenas sueña. Esta es una gran responsabilidad, pues si estos poderes se utilizan para el engrandecimiento propio, los resultados son desastrosos. Por lo tanto, aquellos que suben, están acosados por todos lados por tentaciones de un tipo muy sutil que, si se ceden, arruinarán la vida y harán un grave daño al alma.

La vida es una batalla continua. Para la persona común es generalmente una lucha con las circunstancias y las dificultades corrientes de la vida que son muy importantes a sus ojos. El alma más avanzada no se preocupa mucho por estas cosas, se eleva por encima de ellas, pero es tentada y probada en un grado mucho mayor, y de una manera mucho más sutil. Aquellos que piensan que siguiendo un determinado "culto" o "ismo", podrán tener un paseo sin incidentes por la vida, no hacen más que engañarse a sí mismos. A medida que aprende a superar las dificultades de la vida que desconciertan al individuo común, será tentado y probado de otras maneras más sutiles. Esto se debe a que la vida no es para el simple placer pasajero, sino para la construcción del carácter, a través de la experiencia. Por lo tanto, quien quiera tener éxito debe ser fuerte, sabio y paciente. Aquellos que aspiran a hacer que su vida valga realmente la pena, que desean servir a sus semejantes de manera más perfecta, que quieren construir su carácter a través de la experiencia y superar todas sus debilidades, heredadas o no, deben buscar el poder y la sabiduría en su interior.

Sin embargo, hay que señalar que no se debe utilizar los poderes espirituales para fines egoístas y de engrandecimiento personal. Hay una ley inmutable, que ha sido conocida por la enseñanza interior a lo largo de todas las épocas, que prohíbe el uso de los poderes espirituales para la creación de riqueza o incluso del pan de cada día. Jesús estuvo sujeto a la misma ley espiritual, y fue tentado exactamente de la misma manera que nosotros. El tentador dijo: "Ordena a esta piedra que se convierta en pan". Si Cristo hubiera convertido la piedra en pan, habría fracasado en su gran misión, pero él conocía la ley. Hoy en día, hay miles de personas que, mediante el mal uso de sus poderes espirituales, no solo intentan convertir las piedras en pan, sino también en coches, grandes saldos bancarios, tierras y casas. Estos se dirigen al desastre, porque están trabajando contra el Poder Espiritual combinado del Universo. El enemigo de las almas ofrece a aquellos que han aprendido a utilizar el poder inagotable del Universo, y que han descubierto que son hijos de Dios, la riqueza, el poder, la pompa, el aplauso de los demás, las cosas brillantes que perecen, si solo hacen mal uso de su poder dado por Dios. Como Jesús, deben negarse. Deben poner el servicio antes que el yo, y dar en lugar de tomar.

A miles de personas se les enseña hoy a forzar su voluntad humana sobre la vida y a emplear los poderes ocultos para adquirir riqueza y poder. Se les enseña a entrar en el silencio y exigir lo que quieren. "Cómo conseguir lo que quieres" es el lema de estos maestros modernos. No el mérito, no el servicio, no el dar, sino el exigir, el obligar por la fuerza de voluntad humana y por el uso de las fuerzas ocultas. Esta es otra estratagema del enemigo de las almas, y está sacando del camino a decenas de miles de buscadores de la verdad. Este tema se trata con más detalle en otro capítulo.

Sin embargo, si la aspiración del individuo es servir y dar, en lugar de agarrar y apoderarse; si, además, busca el éxito por medio del mérito y no por el mal uso de sus poderes espirituales, puede avanzar y el Poder irá con él y lo ayudará. Una vez que se ha despertado el Poder, el individuo debe cesar todo esfuerzo puramente egoísta, aunque, por supuesto, seguirá habiendo mucho egoísmo en su motivación. Debe buscar su éxito a través del servicio y siguiendo objetivos nobles: a través del mérito y de un intercambio justo, en lugar de tratar de arrancar el éxito de la vida, sin importar quién pueda sufrir por ello. Además, cuando este Poder se ha expresado, solo debe usarse desde el amor, porque si se usa de otra manera, destruirá al usuario. Asimismo, el Poder no debe ser utilizado por la voluntad humana finita, sino que debe hacerse un esfuerzo por encontrar cuál es la Voluntad del Todo y trabajar en armonía con ella. Detrás de cada vida está la Voluntad y el Propósito Divinos. Cada vida es perfecta conforme a su imagen en la Mente Universal. El éxito más elevado, de hecho, el único éxito verdadero, es vivir la vida de acuerdo con el gran Propósito Cósmico o, en otras palabras, como es imaginada en la Mente Única.

Ahora bien, no hay que imaginar que la voluntad de la Mente Universal sea que el individuo sea un fracaso o que carezca de logros. Lejos de ello, pues solo tenemos que contemplar el Universo para ver que la Mente Infinita está siempre alcanzando su objetivo y que nunca falla. El individuo también debe tener éxito, pero que mezcle la sabiduría con su ambición, y que trabaje en beneficio del Todo, en lugar de hacerlo con un propósito puramente egoísta.

Es natural que el individuo tenga éxito en la vida, en un grado moderado. [*] Para tener éxito debe hacerse más eficiente, y así servir mejor a la vida y a sus semejantes. Por lo tanto, no hay nada malo en este tipo de éxito. También es natural y loable que una persona en un entorno pobre y desagradable tenga la ambición de elevarse a mejores circunstancias. Es justo que desee hacer la vida más brillante y mejor para su familia. Mientras se entregue sabiamente a la ambición, y si busca el éxito a través de un mejor servicio a sus semejantes, este es un propósito loable. Sin embargo, si no frena y controla su ambición, sino que se deja llevar por ella, perderá toda la alegría real de la vida y, al final, cuando sea demasiado tarde, descubrirá, a su pesar, que su vida, por un exceso de "éxito", ha sido un fracaso.

[*] No se debe deducir de esto que el autor desprecia los grandes logros. Siempre debe haber algunos que tengan que asumir grandes responsabilidades. El verdadero éxito de la vida de estos grandes depende completamente de su Motivo. Si ellos buscan simplemente el poder, la fama y el engrandecimiento personal, entonces, por más que parezca lo contrario, su vida solo puede ser un fracaso. En cambio, si su motivo es el servicio, entonces su vida es verdaderamente exitosa, por más que parezca lo contrario.

ℭℛ

La experiencia del escritor ha sido que es necesario que siempre estemos progresando, logrando, superando y esforzándonos por tener éxito. Una de las mayores leyes del Universo es el progreso, por lo tanto, es fatal permanecer inmóvil. Hay que avanzar, hay que lograr, hay que realizar cosas. Si lo hacemos, podemos encontrar que muchas cosas que nos cuestan mucho esfuerzo y trabajo duro no valen la pena, sin embargo, todo el tiempo estamos aprendiendo a través de la experiencia y estamos siendo fortalecidos y preparados para cosas más grandes. A través de repetidos fracasos para encontrar la verdadera satisfacción, llegamos finalmente al verdadero conocimiento, la sabiduría y la comprensión. Entonces, somos sabios si, con el mundo a nuestros pies, podemos contentarnos con un éxito material muy moderado y dirigir nuestra atención y nuestras aspiraciones a cosas más altas y mejores.

Al concluir este capítulo, hay que señalar que el éxito y los logros no caerán del cielo en tu regazo. Todos los que tienen éxito son glotones del trabajo, se afanan mientras otros juegan y duermen. Todas las enseñanzas en sentido contrario son erróneas. Pensar que el éxito va a venir a ti cuando es inmerecido, simplemente porque haces uso de "afirmaciones" o empleas "tratamientos mentales", es una locura de primer orden. Por otro lado, utilizar las fuerzas internas de manera oculta para forzar las cosas materiales o el llamado "éxito" en cualquier forma o condición, para que venga a ti, es magia negra. Aquel que se rebaja a tales prácticas se convierte en un mago negro, ganando para sí mismo una terrible retribución. Solo hay una manera de tener éxito en los asuntos de la vida, y es elevándose a una mayor utilidad y servicio. Haciendo las cosas mejor de lo que se han hecho antes, asumiendo una mayor responsabilidad, sirves mejor a la humanidad y, por tanto, mereces el éxito. "Más bienaventurado es dar que recibir", dijo el Maestro, y esto es cierto incluso en los asuntos prácticos y materiales de la vida.

En primer lugar, debes dar un servicio mejor y más valioso, en otras palabras, ser digno y merecer, antes de esperar verlo materializado. Debes sembrar antes de poder cosechar; debes hacerte demasiado grande para tu posición actual, antes de ser capaz de ocupar una más grande. Debes crecer y expandirte de todas las maneras posibles y a medida que creces tu éxito también aumentará. El éxito exterior es solo un reflejo, por así decirlo, de lo que realmente eres, y el resultado de un mayor y más valioso servicio a la humanidad. Se requiere un gran esfuerzo y determinación para salir del camino anterior, pero mientras tu ambición no sea innoble o egoísta, encontrarás dentro de ti el poder suficiente para todas tus necesidades.

Para lograr el éxito, ya sea en el ajetreo de la vida, o en el camino más difícil del progreso espiritual, se requiere imaginación, visión, valor, fe, determinación, persistencia, perseverancia, esperanza, alegría y otras cualidades. Todas ellas se encuentran en el interior. Todas estas cualidades yacen más o menos latentes en nuestro interior, y pueden ser llamadas a expresarse si creemos que el Poder Infinito es nuestro.

Sin embargo, hay que repetir la advertencia de que este Poder no debe utilizarse para el engrandecimiento egoísta, y menos aún para influir o dominar a los demás. Si este Poder es mal utilizado, los resultados son terribles y desastrosos. Por lo tanto, usa el Poder solo para lograr objetivos buenos y nobles y en el servicio que enriquecerá la vida de tus semejantes, añadiendo al bien común. Una vez que hayas llegado a esta etapa, debes seguir adelante. No hay que detenerse. El impulso divino te llevará siempre hacia delante, hacia mayores logros y realizaciones. Con la misma certeza que los planetas deben girar alrededor del sol y cumplir su destino, tú también debes avanzar. Procura, entonces, que tus objetivos y ambiciones se basen en la sabiduría eterna, porque de ello depende todo tu futuro.

CAPÍTULO 6

SALUD

Es imposible, en un pequeño trabajo de este tipo, explicar por qué una persona hereda un cuerpo débil y enfermo y otra disfruta de una constitución fuerte y robusta. Es suficiente para nosotros notar que los días de la salud ruda y resistente están pasando, y que el ser humano se está volviendo más altamente nervioso y psíquico en su constitución. El antiguo tipo de salud ruda e inconsciente se debía a la naturaleza animal del individuo, que hacía que su cuerpo fuera gobernado más completamente por la mente instintiva. Los humanos menos evolucionados, aparentemente, no se ven afectados por las tormentas mentales, los cambios psíquicos y las desarmonías espirituales que perturban la salud de los tipos más evolucionados. Tenemos una ilustración de esto en el caso de algunas formas de demencia. El paciente "pierde la cabeza", con el resultado de que su salud corporal se vuelve maravillosamente buena. La mente instintiva toma el control de las cosas y el resultado es una salud animal robusta y ruda. Cuando el paciente estaba en su sano juicio y su mente estaba llena de preocupaciones, ambiciones, planes, cuidados, lujurias, odios y penas, probablemente estaba muy lejos de estar sano. Esto se debía a los efectos perturbadores de sus pensamientos y emociones incontroladas. Por lo tanto, cuando su mente consciente cedió y se volvió feliz de una forma idiocia, dejó de pensar en estas cosas inquietantes, con el resultado de que la mente instintiva animal, fue capaz de trabajar sin ser molestada.

No sirve de nada suspirar por "los buenos tiempos pasados", cuando la gente era robusta y fuerte como lo son los salvajes, pues la evolución ha decretado que el ser humano cambie a un tipo más elevado, más nervioso y más sensible. En este tipo sensible, los pensamientos y emociones erróneos producen rápidamente dolor y sufrimiento. La mayoría de la gente no sabe lo que es la buena salud. No solo sufren de dolencias menores, como dolores de cabeza, indigestión, reumatismo, neuritis, sino que además nunca se sienten animados o completamente bien. Son ajenos a la alegría de vivir. La vida no les emociona; nada les acelera la sangre; no tienen momentos de vívido éxtasis; en otras palabras, no viven, simplemente existen en un bajo ritmo de muerte.

Igualmente, la mayoría de las personas son susceptibles a las enfermedades infecciosas y a las epidemias, aunque, si estuvieran realmente bien, serían inmunes. Sin embargo, en lugar de buscar la inmunidad a través de la salud, la buscan a través del uso de vacunas y sueros, añadiendo así más cargas que el cuerpo tiene que soportar. Todos los intentos en este sentido están destinados a fracasar, ya que, tan rápido como se elimina una enfermedad, aparece otra.

Muchas personas consideran que la enfermedad y el malestar son inevitables, pero la verdad es que la salud es el estado normal y el malestar es una anormalidad. Al rastrear el origen de la mala salud, encontramos, en primer lugar, que se debe a la desobediencia de la ley natural. Un gran número de personas infringen casi todas las leyes naturales de la salud conocidas, y se sorprenden de que enfermen. Sin embargo, lo sorprendente es que están tan bien como están. Aunque la obediencia a las leyes de la naturaleza y la utilización de los métodos de curación naturales nos llevarán a una cierta parte del camino, encontramos que debe haber causas aún más profundas que las físicas. Nos enfrentamos al hecho de que hay muchas personas que obedecen todas las leyes físicas conocidas de la salud, que se bañan, hacen ejercicio, respiran, comen y beben científicamente, que adoptan métodos de sanación naturales, en lugar de medicamentos y sueros, pero que no pueden encontrar la salud. Por lo tanto, debemos buscar más profundamente e ir a la mente para descubrir la causa de la mala salud.

Cuando miramos a la mente encontramos una prolífica causa de enfermedad. El individuo piensa en dolencia y enfermedad. Es bien sabido que pensar en la dolencia y la enfermedad las produce en el cuerpo. Las personas que siempre están pensando en enfermedades, dolencias, operaciones y otros temas mórbidos, se convierten en presas de estas cosas. Los que creen que la enfermedad es inevitable, la manifiestan en su vida. Los pensamientos mórbidos producen un estado mórbido del cuerpo, haciendo que sea una presa fácil de la infección o que se descomponga en una mala salud crónica, o incluso en una enfermedad. Permitir que los pensamientos se detengan en cosas mórbidas es un camino seguro hacia la enfermedad y la incapacidad.

El individuo no solo se enferma por sus propios pensamientos y emociones negativas, sino que también está bajo el hechizo hipnótico de la mente racial. "El Dios de este mundo ha cegado el entendimiento de los incrédulos". Todos estamos, más o menos, bajo el hechizo de una enorme ilusión. El mal, la dolencia, la enfermedad y otras imperfecciones que vemos y experimentamos, no tienen existencia en la realidad, sino que tienen una existencia en la irrealidad. Aunque no son reales en un sentido verdadero, aun así, son tremendamente reales para esta conciencia limitada actual.

Al reconocer la verdad, y al pensar y vivir en su luz y poder, el hechizo hipnótico se rompe, no completamente, pues de lo contrario no envejeceríamos, pero sí hasta tal punto que se puede disfrutar de un estado de salud muy mejorado.

También estamos afectados hipnóticamente por la sugestión, que nos llega de mil fuentes diferentes. Las conversaciones de amigos y conocidos nos afectan negativamente. Su creencia en la enfermedad y el malestar como realidades, y en su inevitabilidad, colorea toda su conversación y esto nos afecta inconscientemente, a menos que nos protejamos contra ello. Los periódicos, las revistas y los libros, todos impregnados del mismo error, también nos influyen, a menos que nos hayamos vuelto demasiado positivos para que nos afecte.

Desde innumerables fuentes se nos sugiere sutilmente que la enfermedad, la dolencia y la infección son realidades que no se pueden eludir y a las que somos propensos. El efecto de todo esto, expresado en un lenguaje simple y elemental, es desviar la fuerza vital hacia canales equivocados, produciendo así enfermedad y mala salud en lugar de perfección. El estado normal de salud tiene que dar lugar a un estado anormal de enfermedad o dolencia. Sin embargo, el estado normal de salud se restablece cuando se reconoce la Verdad y se vive la vida en su luz y poder.

La Verdad Absoluta y la Perfección están detrás de toda la ilusión e imperfección de la vida sensorial. La salud se encuentra en la comprensión de la Verdad y la perfección de la Realidad, y en el establecimiento de la vida del pensamiento en la Verdad, para que nuestros pensamientos dejen de ser negativos y basados en el error y la ilusión.

A menudo se dice que la mala salud es el resultado del pecado. Y así es, porque pensar en la enfermedad, la dolencia y la mala salud, creyéndolas inevitables, es uno de los mayores pecados. El camino de la vida es caminar (pensar y actuar) según el Espíritu (que es perfecto, completo, inmortal e incorruptible) y no según la carne (corrupción, enfermedad, dolencia, muerte). Al pensar "según la carne" deshonramos a Dios, que es la Totalidad y la Perfección absolutas, y nos separamos de la Vida y el Poder Divinos.

Pero hay otras formas en las que el pensamiento erróneo destruye la salud. Tener pensamientos de lujuria es una causa prolífica de infelicidad, enfermedad y dolencias nerviosas. Las fuerzas divinas de la vida son dirigidas hacia un canal equivocado, lo que da como resultado la indulgencia y el inevitable debilitamiento del cuerpo, el cerebro y la voluntad, o en la represión y sus consecuentes enfermedades nerviosas. Si se permite que los pensamientos se detengan en la impureza, los resultados negativos deben seguir en alguna forma, ya sea en la acción o la mala salud, o ambos. El pensamiento debe ser controlado y revertido continuamente. No reprimido, sino revertido, porque hay una tremenda diferencia entre los dos. La represión crea problemas nerviosos, pero al revertir o transmutar los pensamientos la vida se transforma y la salud corporal mejora enormemente.

El hecho de entregarse a los pensamientos de odio, resentimiento, mala voluntad, miedo, preocupación, pena y ansiedad, produce mala salud y, al bajar el tono del cuerpo, lo expone a infecciones y enfermedades. Por lo tanto, vemos que el estado de la mente y el carácter de los pensamientos son factores importantes que no pueden ser ignorados. Es inútil tratar la enfermedad o el malestar si son simplemente los efectos externos de las causas ocultas de la mente. Para curarse hay que llegar a la causa del problema.

El control del pensamiento es una gran ayuda. Sustituir un pensamiento erróneo por uno correcto o positivo, con el tiempo, hará maravillas en la vida. En el subconsciente tenemos un poder ilimitado de extraordinaria inteligencia. De acuerdo con nuestros pensamientos, este maravilloso poder construye la salud, la armonía y la belleza en nuestra vida y en nuestro cuerpo, o todo lo contrario. El poder es bueno, la inteligencia es infinita, pero va hacia donde nuestros pensamientos la dirigen. Por lo tanto, con nuestro pensamiento creamos o destruimos, producimos el bien o el mal. Entonces, si todos nuestros pensamientos son buenos, positivos y constructivos, se deduce que tanto nuestro cuerpo como nuestra vida deben construirse en armonía y perfección. La pregunta es: ¿se puede hacer esto? Se puede hacer si tenemos el deseo, y estamos dispuestos a disciplinarnos y perseverar ante el aparente fracaso.

En este punto, algunos lectores pueden decir que no desean ser tan tremendamente buenos, que no están dispuestos a abandonar la lujuria, la impureza, el odio, la ira, la malicia y los pensamientos y emociones de este tipo. Muy bien, si esto es así, deben seguir adelante y aprender, a través del sufrimiento, la lección que se niegan a aprender voluntariamente.

Otros pueden decir: "Sí, quiero controlar mis pensamientos, pero ¿cómo puedo dejar de preocuparme cuando tengo tanto por lo que preocuparme, y cómo puedo dejar de tener odio cuando he sido tan profundamente agraviado?" Esto nos lleva a una causa aún más profunda de la mala salud que la de la mente, esto es, la actitud del corazón. Nuestras escrituras nos dicen que "como un hombre piensa en su corazón, así es él". Por "corazón" se entiende el alma o el sentimiento, la parte deseante del ser humano. Es aquí donde tiene lugar el conflicto entre la voluntad propia y la Divina, entre los deseos de la carne y los anhelos del Espíritu. La verdadera causa de toda infelicidad, desarmonía y mala salud es espiritual, y no simplemente mental o física. Estas últimas son causas contribuyentes, pero la primera es la causa fundamental. La desarmonía espiritual, en realidad, es la causa de toda las dolencias y enfermedades. Hasta que no se restablezca la armonía espiritual, el individuo es un reino dividido contra sí mismo, que, como dijo nuestro Señor, no puede sostenerse.

Por lo tanto, la sanación debe ser de carácter espiritual. Mientras no exista esta armonía, no podrá haber una superación de los pensamientos de odio, de miedo o de preocupación, y hasta que no sean superados no podrá haber una verdadera curación. La curación de nuestro Señor fue una curación de gracia del Espíritu. Restauró la armonía interior al perdonar el pecado, al cambiar los deseos del corazón, al poner la voluntad del sujeto en armonía con la Voluntad Divina del Todo. La curación de nuestro Señor no se llevó a cabo por medio de la sugestión, ni se logró por el poder de la voluntad humana; se hizo mediante la armonización del corazón, los deseos y la voluntad con la Voluntad Divina. Al mismo tiempo, debe haber una revelación de la verdad de que la

Voluntad de Dios es amor, plenitud, alegría y perfección, y no enfermedad, dolencia y miseria. La sanación mental no es posible hasta que hayamos hecho las paces con Dios. Hasta que no nos hayamos entregado por completo al principio del amor, no podremos superar nuestros pensamientos de odio y malicia o de resentimiento, transmutándolos en pensamientos de amor. Hasta que no nos entreguemos a la Voluntad Divina y dejemos todos nuestros problemas a la Mente Infinita, no podremos dejar de preocuparnos y temer. La disciplina mental y el control de los pensamientos son necesarios después de que se haya producido este cambio interior, porque todos tenemos que trabajar en nuestra propia salvación, pero lo esencial es la entrega interior del corazón en amor y confianza. Mientras odiemos a nuestro prójimo, o temamos lo que pueda deparar el mañana, o nos preocupemos por las cosas de esta vida, nunca podremos estar bien. Sin embargo, cuando nos hemos sintonizado con la Armonía Divina, y hemos aprendido a controlar nuestros pensamientos y emociones, y a transmutar los deseos carnales y materiales en un servicio amoroso, el resultado inevitable es un estado de plenitud. Los viejos trastornos profundamente arraigados desaparecen, y una mejora constante del estado de salud ocupa su lugar.

Para recuperar la salud es necesario elevarse continuamente al Ideal Divino de salud, armonía y perfección. Pero esto es inútil si sigue habiendo un choque de la voluntad personal con la Voluntad Divina, o si hay algún odio, malicia, envidia o miedo en el corazón.

La voluntad debe entregarse a la Voluntad mayor (en realidad, esto es nuestro bien más elevado, pues el cumplimiento de la Voluntad Divina es el feliz destino del ser humano). El corazón debe perdonar y llenarse de amor; el miedo debe ser desechado, y sustituido por la seguridad y la plena confianza, antes de que podamos entrar en ese estado feliz, libre de preocupaciones y de descanso que es necesario para la curación. La salud es armonía, un delicado equilibrio y ajuste entre el espíritu, el alma, la mente y el cuerpo. Esta armonía depende completamente de la gran armonía entre nosotros y Dios. Mientras haya un conflicto de voluntades, mientras haya odio o resentimiento, mientras haya egoísmo o mientras haya miedo, esta armonía no puede existir. Por lo tanto, la causa fundamental de la salud es la armonía espiritual, toda curación es una restauración de la armonía entre el individuo y su Fuente Divina.

Cuando se restaura esta armonía, el individuo ya no es un reino dividido contra sí mismo, ya que él se establece en la unidad; trabaja con el Universo y las leyes Divinas de su ser, en lugar de hacerlo contra ellas. La Vida y el Poder Divinos fluyen a través de él sin impedimentos, promoviendo un perfecto funcionamiento subconsciente. Sus pensamientos se limpian en su origen.

"Crea en mí, oh Dios, un corazón limpio y renueva un espíritu recto dentro de mí".
"Límpiame de estas faltas ocultas".

Se libera del hechizo hipnótico de la mente de la raza. Sus ojos, a través de la influencia del Espíritu Divino, se abren a la Verdad, por lo tanto, ya no está cegado por el Príncipe de este mundo. En la Unión Divina se vuelve libre. (En Cristo todos son vivificados). El tema de la tristeza y su efecto sobre la salud se ha dejado a propósito para el final. Ninguna cantidad de pensamientos correctos evitará las penas en esta vida. Estas forman parte de la disciplina necesaria de la vida, y depende enteramente de la forma en que enfrentemos nuestras pruebas, el que sean perjudiciales o la mayor bendición posible. Rebelándose contra la disciplina de la vida, las penas se vuelven perjudiciales, pero el daño no está en la pena misma, sino en la actitud de la mente y el corazón. Hasta que el alma sea capaz de beber el cáliz de la pena de buena gana, y decir "Hágase tu voluntad", la pena resulta perjudicial, destruyendo tanto la salud como la felicidad. Sin embargo, la causa del daño está en la dureza del corazón, y no en la pena misma. Por lo tanto, debe haber sumisión y un reconocimiento de que la disciplina es necesaria. Pero esto no implica una débil entrega al dolor y a la pena.

Ahora bien, es cierto que la persona que ha sufrido un duelo no puede volver a ser la misma, porque se vuelve más sensible, más cariñosa, más comprensiva, más rica y más suave en su carácter. El ser amado nunca puede ser olvidado, pero eso no es razón para que el corazón se doblegue por el dolor y la vida se vuelva desolada por la pena. En tales casos, la verdadera religión, no la religiosidad, es lo único que puede satisfacer el alma, armonizar la mente y sanar el cuerpo. Establecerse en la Verdad, sabiendo que todo está bien: que Dios no se equivoca y que, en realidad, no hay muerte, sino solo cambio, es el único camino por el que el duelo puede convertirse en una bendición disfrazada. Cuando se alcanza esta etapa, se supera el dolor, la muerte es tragada por la victoria. La única solución para todos los problemas de la vida es la consciente armonía con nuestra Fuente Divina, y la Voluntad y el Propósito Divino, que solo desean nuestro mayor bien.

CAPÍTULO 7

EL SECRETO DEL SUMINISTRO ABUNDANTE

Es una verdad metafísica que la vida exterior es un reflejo de la vida del pensamiento. Nuestra vida se ve afectada por nuestro hábito de pensamiento y nuestra actitud mental, de dos maneras: en primer lugar, todas nuestras acciones están inconscientemente influenciadas por nuestros pensamientos, ayudando así a traer a la manifestación, o atrayendo hacia nosotros, un entorno que corresponde a nuestros pensamientos. [*] En segundo lugar, descargamos o emitimos una influencia, silenciosa e invisible, que sin duda afecta a otras personas. Probablemente, ellos no son conscientes de ello, pero son repelidos o atraídos por esta influencia silenciosa. Así, si nuestros pensamientos y actitudes mentales son del tipo equivocado, no solo se ven afectadas nuestras acciones, sino que también ejercemos una influencia silenciosa que ayuda a alejar de nosotros el tipo correcto de amigos, oportunidades, éxito y todo bien posible. Lo contrario también es igualmente cierto. Por medio de pensamientos correctos y una actitud mental correcta, naturalmente atraemos hacia nosotros todo el bien del que es capaz nuestra vida actual.

*

[*] A primera vista, esto puede parecer una afirmación radical, pero dos ilustraciones cotidianas demostrarán su validez. En primer lugar, tomaremos el caso de un hombre encarcelado por infringir la ley. Obviamente, su entorno se debe a sus acciones erróneas, siendo estas últimas el fruto de sus pensamientos, ya que todas las acciones surgen de los pensamientos. A continuación, tomemos el caso de un hombre que es el jefe de confianza de un rentable negocio. Obviamente, su posición es el resultado de sus acciones, puesto que ha llegado a ella por el trabajo duro y el servicio fiel, todo debido, en primer lugar, al pensamiento constructivo y a una actitud mental correcta.

La Biblia nos dice que como un hombre piensa en su corazón, así es él. Igualmente cierto es decir que como un hombre es, así piensa, y que como piensa, así son su vida exterior y sus circunstancias. Por lo tanto, como una persona es, así es su entorno. Esto puede sonar bastante metafísico, pero en realidad es bastante simple, y la prueba se encuentra a cada paso. Saca a un hombre de un barrio pobre y ponlo en un entorno elegante, y observa lo que sucede. Muy pronto regresará al barrio pobre o convertirá su nueva casa en un tugurio. Toma a un hombre de alto nivel y ponlo en un tugurio, y pronto dejará el tugurio o transformará su vivienda en un lugar más decente. Coloca a una mujerzuela en una mansión y la convertirá en una pocilga, pero coloca a una mujer de un tipo superior en una pocilga y la dejará lo suficientemente limpia como para recibir a la realeza. Por lo tanto, antes de poder cambiar el entorno de una persona, es necesario cambiar interiormente a la propia persona. Cuando alguien cambia interiormente y se llena de nuevas ambiciones, ideales y esperanzas, con el tiempo se eleva por encima de su sórdido entorno y atrae hacia sí un entorno que corresponde a su nuevo estado mental. Sería inútil ordenarle la casa a una mujerzuela, porque pronto la volvería a convertir en una pocilga, pero si pudieras introducir en su mente un nuevo ideal de pulcritud, limpieza, orden e impecabilidad, no estaría satisfecha hasta que su entorno inmediato correspondiera, al menos en alguna medida, a su ideal o imagen mental.

Muy a menudo, los fracasos de la vida de una persona, y sus desarmonías y pobreza, ya sea comparativa o real, son símbolos externos de su debilidad de carácter. Puede tener capacidad de sobra, pero puede faltarle aplicación o constancia, de modo que fracasa en todas sus iniciativas y tiene que ser mantenido por su cónyuge e hijos. Te asegurará que sus circunstancias se deben a la mala suerte, pero la causa real de su fracaso está en su carácter o, más bien, en la falta de carácter.

Entonces, si la pobreza y la carencia de un individuo, o sus dificultades financieras, se deben a la debilidad de su carácter, que se manifiesta en su trabajo y en su trato con los demás, en forma de ineficiencia, mal servicio y mal juicio, se deduce que él mismo debe cambiar antes de que sus circunstancias puedan ser alteradas permanentemente para mejor. La dificultad al tratar con personas fracasadas radica en conseguir que se den cuenta de que ellas mismas son la causa de todos sus problemas. Sin embargo, mientras no se den cuenta de esto, su caso no tiene remedio y es imposible ayudarles, pero cuando reconocen que la culpa es suya, se les puede mostrar que existe un remedio para sus males y una salida de sus dificultades, mediante la mejora de sí mismas. Que busquen entonces las debilidades ocultas y fortalezcan esos puntos débiles de su carácter, como la falta de coraje, la determinación, la persistencia, la paciencia, la integridad, la decisión, que son la causa de sus problemas, y descubrirán que sus circunstancias cambiarán gradualmente para mejor. Todo viene desde adentro, primero adentro, luego afuera, esta es la ley. Por lo tanto, el cambio siempre debe tener lugar dentro.

Profundizando en el tema y volviéndonos más metafísicos, es necesario señalar que la causa de toda manifestación es la Mente. Ya hemos visto que la mente y el carácter de una persona se reflejan en sus circunstancias; ahora pensemos, por un momento, en la Mente que es Infinita. Todo el universo, que por supuesto es infinito en extensión, tiene su origen en la Mente Divina, y está contenido dentro de esta Mente Infinita, de la misma manera que puedes tener una imagen mental en tu propia mente. El Universo de Dios, tal como es imaginado en la Mente Divina, es perfecto. Nosotros lo vemos como imperfecto, porque solo recibimos una percepción sensorial finita de lo que es perfecto e infinito, formando así, en nuestra mente, una imagen necesariamente imperfecta y finita, que proyectamos hacia el exterior y, sin saber nada mejor, pensamos que es real. Pero el universo, tal como aparece en la Mente Divina, y tal como es en realidad, es a la vez infinito y perfecto; en efecto, es infinitamente perfecto. No hay pobreza ni carencia en un universo que es infinitamente perfecto, entero y completo en la Mente Divina. La pobreza y la carencia tienen su origen en la mente humana, no tienen lugar en la Mente de Dios.

En un pequeño trabajo elemental de este tipo no podemos profundizar en este tema tan fascinante. Es suficiente si decimos aquí que la única Realidad es la perfección y la plenitud infinitas, por lo que no puede haber carencia alguna (en la realidad). La carencia y la pobreza evidentes que vemos a nuestro alrededor son producto de la mente humana. Aquellos que viven en una conciencia de pobreza y carencia, van por la vida estrechamente encadenados por la limitación. Nunca pueden escapar de la pobreza, esta persigue sus pasos como su sombra. De hecho, es una sombra o reflejo, en la vida exterior, de su estado mental y de su actitud mental.

Por otro lado, aquellos que viven en una conciencia de suficiencia, no están preocupados por el suministro. Sus circunstancias reflejan su tipo de mente y actitud mental. No significa que sean ricos, ya que muchos de ellos prefieren vivir con lo justo, y un gran número de personas no desean poseer ningún tipo de riqueza, pero no se preocupan por el suministro, pues sus necesidades están siempre cubiertas de forma suficiente.

Muchos de nuestros lectores consideran que la posesión de riquezas es una iniquidad. Personalmente, no veo cómo, en esta etapa, se puede evitar por completo. El capital es necesario para la conducción de negocios y la realización de empresas, pero, en lo que respecta al acaparamiento de la riqueza, ciertamente creo que es imprudente e innecesario. No hay nada más mortífero para la vida espiritual que la riqueza. Siempre hay esperanza para el borracho y la prostituta, pero es más difícil, aunque, por supuesto, no imposible, que alguien agobiado por la riqueza entre en el reino de los cielos. Algunos pueden hacerlo, pero se les permite entrar simplemente porque consideran su riqueza como algo sin importancia, simplemente como algo de lo que son administradores por una temporada.

El acaparamiento de riquezas es tan innecesario como la pobreza. Ambos se basan en un error fundamental. Este error consiste en pensar que todo suministro, al ser material, necesariamente debe tener una fuente material: que es limitado en cantidad y, por lo tanto, debe ser acaparado y disputado. Por supuesto, la verdad es que la fuente de suministro es Espiritual, entonces, es ilimitada. En consecuencia, quien reconoce la verdad no tiene pensamientos de pobreza o carencia y deja de temerla. Por otro lado, no tiene ningún incentivo para acumular o acaparar riquezas, porque ¿de qué sirven las riquezas para alguien cuyo suministro está siempre asegurado?

Todos los que entran en esta verdad con respecto al suministro, desprecian las riquezas o las tienen muy poco en cuenta. Dejan de desear las riquezas. ¿Por qué habrían de tener ese deseo? La gente anhela la riqueza porque teme la pobreza con un miedo mortal, y anhela la riqueza porque piensa que su posesión los liberaría de sus temores. Sin embargo, cuando conocen la verdad, también saben que sus necesidades siempre serán satisfechas, por lo que ya no desean la riqueza y sus cuidados y responsabilidades.

La riqueza es tan anormal como la pobreza. Nuestro Señor lo demostró al elegir ser pobre (pero no en la pobreza) y mediante su enseñanza en el Sermón del Monte. Lo que Jesús prometió fue un suministro adecuado, pero no fortuna o riqueza, para aquellos que tenían suficiente fe en su "Padre Celestial". Muchas personas viven esta vida sin planes, de total dependencia de su Fuente Espiritual. Nunca se hacen ricos, pero todas sus necesidades son cubiertas. Siempre llega algo a tiempo para satisfacer sus necesidades. Tal vida requiere una fe muy viva y activa, pero sus resultados son tan seguros como la salida del sol.

La comprensión de la verdad sobre el suministro es un fundamento necesario para la fe, sin el cual la vida sin planes es imposible. Es necesario conocer la absoluta falsedad e irrealidad de la pobreza y la carencia antes de poder confiar en la Divina Providencia o en el funcionamiento de la ley espiritual (al mismo tiempo, mental). Es necesario saber que el universo es Espiritual: que Dios es Espíritu, en quien vivimos y nos movemos y tenemos nuestro ser, y que porque somos una parte, muy pequeña, pero, aun así, una parte del Todo, todas nuestras necesidades, a través de las edades, deben ser provistas. El suministro suficiente para todas nuestras necesidades, es la realidad. La pobreza y la carencia, producto de la falta de fe, del miedo, de la ignorancia, de la debilidad del carácter, tienen su origen en la mente humana, y son la irrealidad —lo negativo que no tiene permanencia ni realidad.

Cuando hemos aprendido la verdad, es necesario vivir en la conciencia de ella, y pensar, actuar y alabar a Dios como si todo lo suficiente ya fuera nuestro. No gastar el dinero que no podemos permitirnos, ni contraer deudas, sino vivir mentalmente en una atmósfera de abundancia. Tenemos que recordar que primero debe producirse el cambio de conciencia y establecerse bien, antes de que sus efectos puedan verse manifestados en la vida exterior.

La entrada de esta conciencia superior en la que sabemos y reconocemos la verdad, es decir, que la Fuente de todo nuestro suministro es el Espíritu, y que la Fuente Divina es ilimitada, no es fácil, aunque es menos difícil para unos que para otros. Exige constante actividad mental y vigilancia, requiere persistencia y perseverancia en el pensamiento correcto, pero es posible para aquellos que lo toman en serio. Viviendo en la conciencia del suministro de Dios y ejerciendo una fe viva, la vida se ve afectada, principalmente, debido al cambio de acción tanto consciente como inconsciente.

Habiendo tratado el lado esotérico o interno del tema del suministro, ahora lo trataré más desde el lado externo o práctico, siendo este último, por supuesto, tan importante como el primero. La enseñanza de este capítulo no desalienta el trabajo y el ahorro, ni mucho menos. Después de que Jesucristo había alimentado a los cinco mil, se recogieron cuidadosamente todos los restos para que no se desperdiciara nada. Esto está de acuerdo con la Ley Universal. Hay una ley de economía tanto en el mundo natural como en el espiritual. A primera vista, la naturaleza parece ser muy derrochadora y pródiga, pero, en realidad, nunca desperdicia nada, si se puede evitar. Por lo tanto, la acción de los discípulos estaba de acuerdo con la ley universal. ¡Qué lección para nosotros! Ser cuidadosos y ahorrar es una marca de superioridad tanto en la mente como en el carácter. El despilfarro de los pobres es notorio. Los que están "bien" son mucho más cuidadosos y conservadores que los muy pobres. Hay excepciones, es cierto, pero la regla es que aquel que no puede ahorrar dinero no está capacitado para triunfar en la vida. La incapacidad de negarse a sí mismo ciertas cosas muestra una debilidad de carácter y una falta de propósito que hacen imposible el éxito.

Dos hombres que conocí muy bien, construyeron fortunas sobre la base de lo que ahorraron de sus escasos ingresos. Siempre es difícil el comienzo; si no puedes superar las dificultades preliminares, no tienes el firme propósito de mantenerte en la batalla de la vida. Por otra parte, una vez superadas las dificultades iniciales, no es difícil introducir tu barca en las corrientes de la prosperidad. Cuando te das cuenta de que hay una abundancia ilimitada que puedes compartir, cuando aprendes a vivir en la conciencia de esta abundancia, al mismo tiempo que vives dentro de tus ingresos actuales y haces tu trabajo actual tan bien como es posible hacerlo, has iniciado el camino hacia la riqueza.

Quien comprende y cree realmente que hay abundancia y plenitud para él, pone en funcionamiento una poderosa ley que seguramente le traerá la oportunidad, tarde o temprano. Sin embargo, muchos arruinan sus esperanzas al no saber que durante un tiempo deben vivir una especie de doble vida. Deben ser opulentos en la conciencia, pero cuidadosos y ahorrativos en la práctica real. Llegará el momento en que sus medios aumenten en gran medida, entonces, si son sabios, vivirán por debajo de sus ingresos, en lugar de vivir a la altura de ellos. Esto les dará un amplio margen para fines benéficos, para aprovechar nuevas oportunidades y ampliarlas. Muchas personas de negocios tienen que dejar pasar oportunidades de oro, simplemente porque han ahorrado poco o nada, debido a un gasto privado fastuoso, o tienen que dejar entrar a otras personas a participar en sus proyectos que, además de llevarse una gran parte de los beneficios, pueden ser un serio obstáculo y un impedimento en otros aspectos.

Aunque en su esencia, la Fuente de Suministro es espiritual, llega a nosotros a través de canales materiales, y para tener una participación en ella es necesario ganarla. Tenemos que dar algo a cambio de lo que obtenemos de la vida en forma de suministro. Debemos dar para recibir, y lo que damos debe ser algo que el mundo quiere o necesita.

Por lo tanto, el secreto del suministro consiste en darse cuenta de que existe una abundancia ilimitada y vivir en la conciencia de ello, tan completamente como si no existieran canales materiales y, al mismo tiempo, trabajar con tanto fervor y ser tan cuidadosos como si no existiera el suministro espiritual. Asimismo, debemos dar al mundo algo que necesita o servir de alguna manera útil, ejerciendo la honestidad, la integridad y la justicia en todos nuestros asuntos. Es una locura esperar que la abundancia caiga en nuestro regazo; debe ganarse con un servicio inteligente y fiel.

Siendo un hombre de negocios retirado, que empezó su vida sin nada, ni siquiera con buena salud, he tratado este tema desde el punto de vista de un hombre de negocios. Sin embargo, el principio se aplica a todos los ámbitos de la vida, y cada lector puede adaptar la enseñanza de esta lección a sus necesidades particulares.

CAPÍTULO 8

PODERES Y LIMITACIONES DE LA MENTE SUBCONSCIENTE

La mente subconsciente es la mente de la naturaleza. Posee poderes e inteligencia extraordinarios, pero no tiene inspiración. Es instintiva; es animal; es natural; pero no tiene nada de Divina, es de la tierra y del plano físico. Puede describirse como las fuerzas internas de la Naturaleza que residen en nuestro cuerpo. Dicho esto, hemos dicho casi todo lo que hay que decir sobre el subconsciente, sin embargo, esta es la mente de la cual algunas personas han hecho un verdadero dios.

Si la mente subconsciente es dirigida correctamente, es una muy buena amiga, reduciendo todos los pensamientos y acciones repetidas a un hábito que, con el tiempo, se establece y forma parte de la vida misma. Así, mediante el pensamiento correcto consciente y la acción correcta consciente, se forma un buen hábito que, con el tiempo, se vuelve prácticamente automático. Por supuesto, esto construye el carácter, que, a su vez, afecta a la vida. Se verá, entonces, cuán importante es el uso correcto de este servidor dispuesto y fiel. No es un dios, no tiene inspiración, pero es un siervo muy útil, como veremos. La mayor parte de nuestras acciones o movimientos se hacen o se realizan de forma subconsciente. La razón por la que "la práctica hace la perfección" es que la mente subconsciente aprende a hacer la tarea y, al hacerlo, nos la quita de encima. Qué difícil es aprender a conducir un automóvil. Con qué cuidado, al principio, tenemos que desembragar y obtener la velocidad correcta del motor para un "cambio" silencioso, sin embargo, después de un tiempo, toda la acción se efectúa subconscientemente. Lo mismo ocurre con la práctica del piano. Muchos músicos, algunos mejores que otros, pueden tocar la música clásica más difícil sin recordarla conscientemente. En cuanto intentan recordar, toda la "pieza" les abandona, pero mientras dejan todo el asunto en manos del subconsciente (que nunca olvida) pueden seguir tocando. Mi mente consciente y yo no estamos haciendo mucho de la escritura real de este libro. Pensamos los pensamientos y tenemos algo que ver con la formación de las frases, pero la mente subconsciente las escribe. Si tuviera que pensar en cada palabra y letra, mi tarea sería desesperante, y me quedaría prácticamente muerto de cansancio.

Sin embargo, la mente subconsciente es aún más útil, porque hace la mayor parte de nuestro pensamiento, y se le puede enseñar a hacer mucho más. Si tuviéramos que pensar todo laboriosamente, según las leyes de la lógica, la vida sería insoportable. En lugar de esto, nuestra mente subconsciente hace la mayor parte de nuestro pensamiento y, si le damos la oportunidad, lo hará de una manera extremadamente precisa, estrictamente de acuerdo con las leyes de la lógica y sin la más mínima fatiga. Cuanto más entrenamos al subsconsciente para que haga nuestro pensamiento habitual por nosotros, menos padecemos de fatiga. La fatiga es desconocida para la mente subconsciente, por lo que nunca podemos cansarla ni hacerla trabajar en exceso.

La mente subconsciente puede hacer más y más trabajo para nosotros si delegamos un trabajo definido para que se ocupe de él. El que ha aprendido a controlar el pensamiento, el que puede tomar un asunto, considerarlo en todos sus aspectos, y luego desechar el tema de su pensamiento consciente, es capaz de aumentar su eficiencia en un cien por ciento, y reducir su fatiga mental casi hasta el punto de desaparecer. En lugar de elaborar laboriosamente sus problemas y de preocuparse y maquinar sobre ellos, simplemente los desplaza a su mente subconsciente para que sean tratados por una mente maestra que trabaja incesantemente, con gran rapidez, extrema precisión y completamente sin esfuerzo. Sin embargo, es necesario dar al subconsciente toda la información disponible, ya que no posee ninguna inspiración ni sabiduría sobrehumana, sino que trabaja lógicamente, de acuerdo con los hechos que se le proporcionan.

Esta gran, natural e incansable "mente de abajo", como ha sido llamada, es también capaz de hacer un trabajo aún más útil. Un escritor u orador, o un predicador, puede recoger notas e ideas para su artículo, libro, discurso o sermón, y pasarlas a su mente subconsciente con órdenes de que se organicen en el orden adecuado, división, subdivisión, etc. Cuando vaya a escribir o a preparar las notas de su discurso o sermón, encontrará todo el trabajo hecho por él, y todo lo que tiene que hacer es escribirlo, completamente sin esfuerzo ni fatiga.

Asimismo, una persona de negocios que ha aprendido a utilizar su mente subconsciente de esta manera, no necesita hacer malabares ni preocuparse ni fatigarse planificando e ideando el futuro. Todo lo que tiene que hacer es presentar los hechos a la "grandiosa mente de abajo" y toda la planificación se hará por él, completamente sin esfuerzo y mucho más eficiente de lo que se habría hecho a través de un laborioso pensamiento consciente.

Lo siguiente, que acaba de llegar a mi conocimiento, es una sorprendente confirmación de la enseñanza de este capítulo.

En un número reciente de la Revista "Collier's" apareció una entrevista a Henry Ford. Hablaba de la forma en que los grandes empresarios se enfrentan a los problemas, y señalaba que no pasaban mucho tiempo reflexionando y analizando los planes o las ideas. Dijo:

—"Se nos ocurre una idea, la pensamos un rato y la ponemos a hervir en la olla. La dejamos cocer a fuego lento durante un tiempo y luego la sacamos".

Evidentemente, lo que Henry Ford quiere decir es precisamente lo que hemos dicho, es decir, que la idea o el problema se desplaza a la mente subconsciente, que la resuelve y la presenta a la mente consciente para que la juzgue.

También un inventor o alguien que construye algo mecánico puede utilizar la mente subconsciente precisamente de la misma manera. Que resuma todo el problema, organice todos los hechos y la información disponible, y los transmita todos a su mente subconsciente. Si está dentro del rango de posibilidades un resultado exitoso, se producirá una respuesta o una idea. Observa que todo esto se hace sin ningún esfuerzo.

Especialmente para algunos lectores, todo esto puede parecer bastante increíble y disparatado, pero no hay nada oculto ni misterioso en ello. Estoy perfectamente seguro de que no hay ningún gran escritor, político o empresario que no haga uso de su mente subconsciente de esta manera. Probablemente, lo hace inconscientemente, pero su procedimiento es el mismo. Algunos emplean toda su mente de forma natural. Estos se convierten en personas de éxito, que ocupan puestos de responsabilidad y que soportan inmensas cargas sin tensión, preocupación o inquietud. La responsabilidad les resulta ligera, y se muestran serenos e imperturbables cuando ocupan cargos y se enfrentan a tareas y dificultades que harían perder la cabeza a un individuo normal. Tales personas desarrollan sus poderes de atención y concentración (cualquiera que sea serio puede hacerlo) en un grado muy alto. Se esfuerzan por llegar a la raíz de un problema y obtienen todos los datos disponibles posibles, pero, después, es su mente subconsciente la que hace todo el trabajo y la que llega a una decisión.

Mientras que a unos pocos les resulta natural utilizar su mente subconsciente de forma correcta, la mayoría de las personas se ven incapaces de hacerlo. Sin embargo, estas pueden adquirir el arte mediante el entrenamiento. En primer lugar, es necesario aprender a controlar el pensamiento, para poder retomar un problema o desecharlo por completo de la mente a voluntad. Cuando se pasa un problema al subconsciente para que lo resuelva, el tema debe ser descartado por completo de la mente consciente. No hay que preocuparse por el problema, ni permitir que los pensamientos se detengan en él; hay que dejarlo enteramente en manos del subconsciente. En segundo lugar, la mente consciente debe captar todos los detalles e información posibles relacionados con el problema, y visualizar todo el asunto, a favor y en contra, antes de pasarlo al subconsciente. Por lo tanto, se verá que es necesario el control del pensamiento de un alto orden, así como poderes de atención y concentración. Todo esto puede ser desarrollado por cualquier persona que se tome realmente en serio.

Una buena manera de comenzar a utilizar la mente subconsciente es mantener el problema en la mente justo cuando uno va a dormir. En ningún caso se debe intentar resolver el problema o preocuparse por él. En lugar de ello, hay que presentar los hechos principales del caso, de ambas partes, y presentar el caso a la mente subconsciente de la misma manera que lo harías ante tu abogado. Una vez hecho esto, envía todo el asunto a tu mente subconsciente, y en la mayoría de los casos encontrarás por la mañana que se ha llegado a una solución sin ningún esfuerzo o fatiga por tu parte.

Por supuesto, esta es solo una de las muchas formas en que la mente subconsciente puede servir, y de hecho sirve, a su dueño, o al que debería serlo. Esta gran fuerza invisible de la naturaleza está siempre trabajando. Cualquier ideal que se mantenga en la mente es tejido en la vida a través del trabajo incansable de la mente subconsciente. Solo pon tu atención en un logro alto y elevado y concentrarás todas las fuerzas invisibles internas de la naturaleza en su realización. Con el tiempo, cosecharás lo que has sembrado.

Si diriges tu atención hacia el canal correcto, respaldándola con una acción energética y consciente, tu subconsciente te ayudará día y noche, haciendo posible el éxito y el logro.

CAPÍTULO 9

USO DE LA MENTE ESPIRITUAL O SUPRACONSCIENTE

Ya hemos visto que la mente subconsciente, por maravillosa que sea, es simplemente instintiva, carente de inspiración y de lo que llamamos originalidad.

Toda inspiración proviene de la Mente Universal, a través del superconsciente. Todos los poetas y escritores inspirados obtienen su inspiración de esta manera. Los psicólogos no reconocen esta mente superior, pero ha sido conocida desde hace mucho tiempo por los buscadores de la verdad espiritual.

Lo que obtenemos del subconsciente es el resultado de los hechos y el conocimiento que se le proporciona. Lo que obtenemos del superconsciente es la inspiración directa de los planos superiores. Esta mente superior también podría llamarse la Mente de la Iluminación, porque aquellos que pueden entrar en ella se iluminan, siendo capaces de conocer la Verdad y de ver las cosas como realmente son, y no como falsamente aparecen a los sentidos. Esta conciencia limitada en la que vivimos está limitada por nuestros cinco sentidos. El universo que vemos a nuestro alrededor es en parte real y en parte una ilusión. El universo real es espiritual e infinito, lo que percibimos es una concepción limitada y parcial de un fragmento del mismo. Nuestra concepción limitada y finita del universo es completamente engañosa y errónea, y mientras confiemos en la evidencia de los sentidos y en la mente humana, permaneceremos en la oscuridad y la incertidumbre. Sin embargo, cuando podemos elevarnos al reino superconsciente, nuestra conciencia se expande, trascendiendo los sentidos y las limitaciones del plano físico.

Por supuesto, la mente espiritual solo es accesible para aquellos que están más delicadamente en sintonía con sus vibraciones más finas. Nada que valga la pena puede ser obtenido sin esfuerzo, y solo después de mucha autodisciplina es posible para el estudiante elevar su conciencia a este reino superior y entender la vida desde el punto de vista de la Mente Universal.

No hay nada místico ni psíquico en el uso de esta mente superior. Quien hace uso de ella se convierte en una persona con mentalidad espiritual, eso es todo. No entra en trances, ni necesita volverse clarividente, simplemente sigue siendo un individuo sensato y normal, solo que utiliza más su mente que el individuo común.

El que es capaz de utilizar esta mente superior desarrolla lo que se ha denominado "la cualidad divina de la originalidad". Si alguna vez una persona va a elevarse por encima del nivel muerto de la mediocridad, debe ser a través de la inspiración directa de los planos superiores, a través de su mente superconsciente. Si alguna vez una persona ha de aportar una nueva idea que enriquezca a la humanidad y contribuya al bien común, debe venir a través de la mente superior.

Quien está debidamente sintonizado, a través de la mente supraconsciente, se convierte en receptor de un conocimiento que está por encima de lo humano, y de una sabiduría que es divina. Conoce por conocimiento directo, se vuelve sabio a través de un influjo de la Sabiduría Divina. Es capaz de distinguir entre lo real y lo falso, entre el oro y la escoria. También es capaz de ver y reconocer el camino correcto en la vida —algo totalmente imposible para la mente de los sentidos— y caminarlo, siendo así conducido hacia el único éxito verdadero y el bien real del que es capaz su vida.

Hay que decir aquí que toda la Sabiduría debe venir del interior. Aunque los libros y la palabra escrita pueden ser útiles, es el Espíritu dentro del lector el que ilumina la palabra, y la hace real y verdadera para el buscador de la Sabiduría. Aquel que se da cuenta de que está iluminado en su interior por el Espíritu Divino, y que solo esto puede llevarle al conocimiento real, está muy avanzado en el camino que conduce a la realización.

La sabiduría de la mente humana siempre conduce a la decepción. Se basa en la evidencia de los sentidos, que es errónea, por lo que sus hallazgos siempre deben carecer de verdadera sabiduría. Quien confía en la inspiración de la Sabiduría Divina, a menudo tiene que decidir tomar un curso de acción que, aparentemente, se opone a sus mejores intereses. Sin embargo, si sigue la Sabiduría interior, encuentra que siempre es guiado correctamente y, más tarde, tiene motivos para agradecer devotamente haber seguido el destello.

CAPÍTULO 10

CONSTRUCCIÓN DEL CARÁCTER Y SUPERACIÓN DEL HÁBITO

La construcción del carácter es el objetivo más grande en la vida. Se ha dicho que el carácter es lo único que podemos llevar con nosotros cuando dejamos esta vida. Esto es perfectamente cierto, por lo tanto, el objetivo de toda religión (no religiosidad), formación y desarrollo mental deben ser la construcción del carácter. Una religión que construye el carácter no tiene ningún valor. Los que piensan que pueden "vagar" por la vida, evitando, en la medida de lo posible, su disciplina, sin hacer ningún esfuerzo para mejorar su carácter, y que mediante la creencia en un determinado credo pueden llegar a ser milagrosamente perfectos, simplemente muriendo, se engañan a sí mismos. No llegamos a ser "perfectos", es decir, de carácter fuerte y perfecto, ni por creer en un credo ni por morir, sino por el logro. Dios ayuda a los que se ayudan a sí mismos, y las personas que no se esfuerzan por conseguir cosas mejores se apartan de todas las gloriosas y maravillosas posibilidades de alcanzarlas.

Sin embargo, antes de pensar en cosas tan elevadas como entrar en el Sendero de la Realización y transformarse en la Imagen Divina y modelarse según ella, la persona promedio necesita saber cómo superar los malos hábitos y las debilidades de carácter que lo mantienen abajo en la vida y, posiblemente, socavan su salud. La mayoría de las personas son conscientes de algunos hábitos erróneos que deberían ser superados y debilidades de carácter que deberían ser erradicadas. Posiblemente, han luchado contra sus hábitos o debilidades durante años, han rezado hasta cansarse de rezar, han hecho innumerables intentos de dar vuelta la página, pero todo ha sido en vano, pues siguen tan firmes en sus problemas como siempre. Muchas personas abandonan la lucha y se esfuerzan por llevar una existencia del tipo Dr. Jekyll y Sr. Hyde, siendo por fuera un cristiano o una persona justa, pero por dentro algo muy diferente. Sin embargo, no encuentran ninguna satisfacción en esta vida dual, porque saben que se están dirigiendo hacia un abismo.

Ahora bien, hay una vía de escape que está abierta a todos. El Infinito ha dotado al ser humano de poderes aparentemente ilimitados: poderes que pueden ser utilizados ya sea para construir la vida y el carácter o para destruirlos. Estos poderes son los de la mente subconsciente. Esta mente es una reserva de fuerzas ilimitadas e inagotables, y si la usamos correctamente se convierte en nuestra mejor amiga, pero si la usamos mal, en nuestra peor enemiga.

Cada vez que se consiente una mala acción, se producen sorprendentes cambios en el sistema nervioso y la energía se almacena en ciertas células, para facilitar la realización del acto incorrecto en una futura ocasión. Es igualmente cierto que cada vez que se realiza una buena acción, se producen cambios similares, pero en sentido inverso, que facilitan la realización de la misma acción en el futuro. Esto explica el tremendo poder del hábito. Nuestro cuerpo, nuestro cerebro y nuestro sistema nervioso cambian, ya sea para peor o para mejor, según el tipo de acción que se realice.

Todavía no nos damos cuenta de la maravillosa aventura que es la vida. Se nos confían tremendos poderes, y por su uso o mal uso podemos destruirnos a nosotros mismos o construir nuestro carácter en todas las direcciones posibles. ¡Qué responsabilidad, pero qué gloriosa oportunidad!

Sin embargo, para encontrar una vía de escape del mal hábito y de las debilidades del carácter, debemos ir más allá de los hechos reales, pues las acciones son efectos de causas ocultas. La causa de toda acción es el pensamiento. Se ha dicho que un pensamiento es una acción en proceso de nacimiento. Es cierto que poseemos deseos e impulsos primitivos, pero estos pueden transmutarse en acciones nobles y en logros elevados, simplemente dirigiendo los pensamientos y la atención hacia cosas más elevadas y mejores. Por ejemplo, los poderes del sexo se transmutan en poder cerebral si los pensamientos y la atención se transfieren completamente del sexo a las actividades intelectuales. En cambio, si se permite que los pensamientos se detengan en el sexo o la pasión, entonces el reino se divide contra sí mismo, y el individuo comienza a dirigirse hacia el abismo.

La tensión de la vida moderna está llenando nuestros asilos y, sin embargo, hay quienes pueden trabajar quince o incluso dieciocho horas al día y prosperar en ello, aun cuando se dediquen a un trabajo cerebral muy agotador. Estos han aprendido a transmutar sus poderes inferiores en superiores. Esto no se hace por medio de prácticas esotéricas u ocultas, sino obedeciendo el mandato divino de poner nuestros afectos en las cosas de arriba. En otras palabras, mantener nuestros pensamientos y nuestra atención dirigidos hacia objetivos, ambiciones y propósitos mejores y más elevados.

Es imposible superar los malos hábitos luchando contra ellos, porque cuanto más luchamos contra ellos, más fuertes se vuelven. El mandato de "no resistir el mal" es muy aplicable a los hábitos. La forma de escapar no es luchando contra el hábito malo o incorrecto, no importa cuál sea su carácter, sino concentrándose en construir un buen hábito que corte el suelo bajo los pies del malo, o dirigiendo la atención a cosas más elevadas y mejores.

Cualquier cosa en la que fijemos nuestra atención, o cualquier cosa que idealicemos, nuestra mente subconsciente se esfuerza por concretarla y hacerla realidad en nuestra vida. Al luchar contra un hábito dirigimos la atención subconsciente hacia él, y esto es fatal. Sin embargo, si dirigimos toda nuestra atención a algo completamente diferente y que es más elevado y mejor, todos los poderes del subconsciente se dirigen hacia la producción del nuevo objeto de atención, en la vida y el cuerpo. De este modo, vemos que no tenemos que vencer el hábito. Si lo hiciéramos, nuestra tarea sería inútil, porque la voluntad humana es impotente ante el poder de la mente subconsciente. Los poderes subconscientes pueden ser dirigidos por la imaginación, pero no pueden ser forzados por la voluntad. La voluntad no debe utilizarse para luchar contra el hábito, sino para elevar y dirigir la atención hacia algo más elevado y mejor. De este modo se forma un nuevo hábito. La atención de la mente subconsciente se aparta del mal hábito, y todos sus poderes se dirigen a la creación de uno nuevo y mejor. Al subconsciente no le importa cuál es el hábito. Le es indiferente si es bueno o malo. Está tan dispuesto a producir un hábito bueno como uno malo. Por lo tanto, cada uno de nosotros tiene su destino en sus manos. Si controlamos nuestros pensamientos e imaginación y dirigimos nuestra atención a cosas mejores, podemos concentrar todos los poderes del subconsciente en la construcción de buenos hábitos. Por el contrario, si permitimos que nuestros pensamientos e imágenes mentales se detengan en cosas indeseables, y que nuestra atención se dirija a ideales bajos o débiles, podemos caer en hábitos indeseables. El poder que produce los hábitos es el mismo en cada caso; lo vital y esencial es la forma en que se dirige este poder.

Es muy necesario señalar que el pensamiento correcto y el uso correcto de la imaginación deben ir acompañados de la correspondiente acción correcta. Muchas personas recurren a la autosugestión y esperan que esta destruya sus malos hábitos y construya otros mejores, pero nunca lo hará, ni podrá hacerlo, sin ayuda. La autosugestión es inútil si no va seguida de una acción constructiva. Los jóvenes deberían gastar sus energías en la cultura física y los juegos. Las personas mayores deberían interesarse en pasatiempos y actividades intelectuales. Solo los estudiantes avanzados pueden controlar sus pensamientos para poder gobernar sus fuerzas vitales por medios mentales. Los menos avanzados, cuando son atacados por pensamientos malos o débiles, deben levantarse y hacer algo muy diferente, y así conseguir que su mente se aparte del tema indebido y se interese por el nuevo objeto de atención. Consiste en dirigir los deseos y las fuerzas vitales hacia canales diferentes, controlando los pensamientos y la atención. Aquí se ve el valor de la verdadera religión, porque trae nuevos ideales a la vida y dirige la atención hacia cosas más elevadas y mejores. El escritor reconoce que debe producirse un cambio en el corazón del individuo, antes de que pueda desear estas mejores cosas. Sin embargo, cuando se produce este cambio, la batalla acaba de comenzar, ya que cada uno tiene que trabajar en su propia salvación.

Por lo tanto, al principio, la mayoría de las personas encontrarán necesario hacer algo para atraer su atención y guiar sus pensamientos hacia algo muy diferente del tema indebido. Más adelante, cuando se vuelvan más avanzados en la ciencia del pensamiento correcto, podrán dirigir sus pensamientos en cualquier dirección deseada. Esto requiere una vigilancia constante. Cada pensamiento debe ser cuidadosamente examinado antes de permitirle pasar el umbral de la mente. Al revertir cada pensamiento negativo, indigno o innoble en su opuesto, se produce un cambio en el cerebro y en el sistema nervioso Las células que antes se utilizaban para el pensamiento erróneo y para la producción de la acción errónea dejan de utilizarse, mientras que otras nuevas se ponen en funcionamiento para la producción de la acción correcta.

Esta etapa conduce a una más alta aún, cuando se convierte en un hábito establecido revertir los malos pensamientos en buenos y realizar acciones correctas en lugar de las malas o débiles. El poder de la mente subconsciente, que en un momento parecía tan malo, produce una acción correcta más o menos automáticamente. Cuando se establece el hábito de lavarse los dientes se experimenta una sensación de incomodidad si no se lavan. Cuando una persona sucia ha aprendido a lavarse bien y mantenerse decente, se sentirá incómoda si se ensucia. La misma regla se aplica a las cosas y hábitos más importantes de la vida. Si aquellos que están en la esclavitud del hábito solo dirigen sus pensamientos y atención a la construcción de buenos hábitos, sus antiguas debilidades morirán de muerte natural.

No debe pensarse que la victoria sobre los hábitos de toda la vida es fácil. Puede parecerlo al principio, pero tarde o temprano la tentación vendrá con mayor fuerza, lo que puede dar como resultado una triste caída. Si esto ocurre, es muy importante no prestar demasiada atención al incidente. En cambio, el principiante debe levantarse y, tomando nota mentalmente de la causa inmediata de su caída, y beneficiándose así de la experiencia, seguir adelante hacia la libertad. Es muy útil darse cuenta de que no solo la mente subconsciente está dispuesta a ser guiada correctamente, si solo perseveramos el tiempo suficiente (hasta que perseverar se convierta en un hábito), sino que también tenemos detrás de nosotros todos los poderes espirituales de Dios. El Infinito se encarga de que las probabilidades no sean abrumadoras en nuestra contra. Nuestras dificultades no son insuperables, aunque lo parezcan. Siempre podemos vencer si no desfallecemos. El cielo mira con afable interés, se regocija con el luchador cuando tiene éxito y se lamenta con él cuando fracasa. La lucha es dura, pues solo así el buscador de Dios puede fortalecerse en su carácter, pero la victoria siempre se puede obtener. Cuando la situación parezca sin esperanza, que el luchador recuerde que en algún lugar hay una salida y que Dios, que es su libertad y liberador, se la revelará si no se desfallece.

Si todos los que buscan la liberación reconocen que el Poder del Infinito está de su lado y que están destinados a convertirse en vencedores si solo siguen adelante, deben tener éxito. ¡Y qué alegría la suya! No hay felicidad como la de quien ha librado la buena batalla y ha superado los hábitos y las debilidades del carácter. Que cada lector experimente esta suprema alegría de superación.

CAPÍTULO 11

FELICIDAD Y ALEGRÍA

En el fondo de cada corazón hay un insaciable deseo de felicidad. El alma avanzada desea la felicidad, tanto como el ser mundano busca el placer. La diferencia entre ellos es simplemente que el primero, a través del conocimiento y la experiencia, no busca la felicidad, porque sabe que nunca puede encontrarla por medio de la búsqueda directa, sino que la encuentra a través del servicio y el amor a los demás, y en la superación de sí mismo; mientras que el segundo busca la felicidad, como un espejismo, en cualquier forma de placer, y no la encuentra. El individuo nunca está satisfecho con su vida, siempre está buscando algo mejor. Hasta que no adquiere la sabiduría, la busca en el placer, en la gratificación de los sentidos de diversos tipos, en la riqueza, el lujo y la posesión. Cuanto menos evolucionada sea una persona, más convencida estará de que la felicidad puede obtenerse de estas maneras, y más bajos serán sus deseos. Por ejemplo, los que conforman lo que se llama el submundo de nuestras ciudades, buscan la felicidad en el vicio y el desenfreno. Los que están más evolucionados buscan el placer en cosas más refinadas, esperando encontrar la felicidad en las actividades intelectuales, en las amistades y en los amores humanos puros. Estos tipos más evolucionados obtienen mucho más placer a través de los sentidos que aquellos que son más elementales, pero también son aptos a tener un sufrimiento mayor y más agudo. Pueden obtener un gran placer de una galería de cuadros, mientras que un salvaje no vería nada interesante; asimismo, pueden sufrir por cosas que un salvaje no sería capaz de sentir. Sin embargo, a pesar de este desarrollo del refinamiento y de la capacidad de obtener placer del arte, la ciencia, la literatura, etc., la felicidad sigue estando tan lejos como siempre. Todos los intentos de encontrar la felicidad conducen finalmente al "vacío". No hay satisfacción, ni en la riqueza y todo lo que esta puede ordenar, ni en el progreso de la vida, ni en la fama y el poder. Al principio atraen y prometen la felicidad, pero nos fallan, y finalmente se ve que no son más que vanidad y aflicción de espíritu.

Este deseo de felicidad es bueno, porque nos conduce a través de innumerables experiencias para que el alma pueda darse cuenta, por medio de la experiencia práctica, del vacío de toda la búsqueda egoísta, y así adquirir sabiduría. Después de recorrer toda la gama de experiencias, el alma finalmente aprende que la felicidad no es algo que se puede encontrar buscándola, sino que es un estado mental interno.

Si bien el trabajo bien hecho produce una tranquila sensación de satisfacción, y el éxito en la carrera también puede ser una fuente de gratificación por un corto tiempo, ni siquiera esto puede satisfacer el profundo anhelo del alma.

La felicidad se encuentra en el servicio. No si buscamos la felicidad en el servicio y servimos para ser felices, sino si servimos a los demás por el bien de servir, entonces encontramos la única felicidad que perdura y satisface.

Solo hay que observar la vida de los que siempre buscan y agarran egoístamente, que son duros en sus tratos y siempre "buscan ser el número uno", para ver lo imposible que es para los buscadores egoístas ser felices. No importa si adquieren riquezas o permanecen pobres: son igualmente infelices. Por el contrario, basta con hacer una acción bondadosa y perfectamente desinteresada, y experimentar el resplandor de pura felicidad que produce, para darse cuenta de que se trata de una ley de la vida tan segura e inalterable como la ley de la gravitación.

Debe haber un propósito en la vida y este debe tener como objeto el mejoramiento de la vida de los demás, ya sea pocos o muchos. La ley del servicio debe ser obedecida, de lo contrario no puede haber felicidad. Esto puede llenar de consternación a algunos lectores, ya que pueden estar empleados en una ocupación que aparentemente no hace ningún bien a nadie. Tal vez sientan que si se dedican a alguna empresa noble para la elevación de la humanidad, entonces podrían servir verdaderamente, pero en su ocupación actual esto es imposible. Pensar así es muy natural, pero la verdad es que todos podemos obedecer la ley del servicio, y podemos empezar ahora, en nuestra ocupación actual, no importa cuál sea. Solo tenemos que hacer nuestro trabajo diario, no como una tarea que debe ser "pasada" con el fin de ganarnos la vida, o porque se espera de nosotros que trabajemos, sino como una ofrenda de amor a la vida y al mundo, con el fin de entrar en armonía con la gran ley del servicio.

Nuestras ideas de valores con respecto a las ocupaciones son totalmente erróneas, desde el punto de vista de la "sabiduría interior". El fregado de un umbral, si se hace fielmente con un verdadero espíritu de servicio, tiene tanto valor e importancia real como escribir un poema inmortal o morir por la patria. Nunca podemos decir sinceramente que un acto de servicio tiene más valor o es más importante que otro. Todo lo que la ley superior mira es el motivo. Por lo tanto, si tu motivo es correcto, puedes dedicarte a la ocupación más humilde y, aparentemente, más inútil, y ser muy feliz porque cumples con la ley del servicio.

Otro camino hacia la felicidad es la conquista de la naturaleza inferior, la superación de las debilidades, el ascenso hacia cosas más elevadas y mejores. Hay una intensa felicidad en darse cuenta cada día de que los viejos hábitos están siendo derribados, los puntos débiles del carácter están siendo construidos, y se está entrando en un estado de libertad cada vez mayor. Gracias a Dios, no tenemos que permanecer como antes, sino que podemos progresar hacia arriba, indefinidamente, porque no hay límite para nuestro ascenso.

Pero hay un estado que es mucho más elevado que la felicidad, y este es la Alegría. La felicidad viene a través del servicio y la superación, pero la alegría llega solo a quien reconoce su unidad con su Fuente Divina. La realidad es alegría indescriptible. Detrás de este mundo de sombras está el mundo real, espiritual, de esplendor y deleite. Cuando el alma, después de su inmenso viaje a través de la materia, el tiempo y el espacio, encuentra por fin el camino de vuelta a su Fuente Divina, se hace consciente de esta intensa alegría, demasiado grande para ser descrita con palabras. Se da cuenta de que la realidad es la alegría y que el universo no está lleno de gemidos ni de suspiros, sino de la dulce y tranquila risa de las almas liberadas, y que él mismo está lleno de esa alegría indescriptible.

Cabe preguntarse qué tiene que ver todo esto con la vida práctica y cotidiana. Todo, ya que quien posee esta tranquila alegría nunca puede ser derrotado en las batallas de la vida. Tiene algo en su interior que nunca podrá ser apagado y que lo llevará de victoria en victoria.

CAPÍTULO 12

USO Y MAL USO DE LOS PODERES MENTALES Y ESPIRITUALES

El individuo promedio no sabe nada de las fuerzas mentales y, aunque puede sufrir los efectos de un pensamiento erróneo inconsciente, no corre el peligro de hacer un mal uso deliberado de los poderes interiores. Sin embargo, quien ha aprendido a utilizar estas fuerzas interiores debe tener mucho cuidado de utilizarlas correctamente o descubrirá que los poderes invisibles de la mente y el espíritu son mucho más poderosos y destructivos que la dinamita. Con esto no se quiere decir que pueda hacerse explotar a sí mismo, pero sí que puede perjudicarse, no solo en esta vida, sino durante las eras venideras y, además, retardar seriamente su evolución espiritual.

La utilización de la mente para coaccionar a otras personas o para influir en ellas por medio de la sugestión, no para el beneficio de ellas, sino para el tuyo, es altamente destructivo, no para ellas realmente, sino para ti. A primera vista, parece un camino fácil hacia el éxito y la prosperidad, pero, en realidad, conduce al fracaso y a la pobreza. El mal uso de los poderes mentales de esta manera es realmente una forma de magia negra, y el destino de todos los magos negros es muy terrible. Incluso el empleo de la mente para obligar a otras personas por su bien, no es aconsejable. Su uso debe ser rechazado, ya que nunca hace ningún bien real, aunque puede parecer beneficioso por un tiempo. La llamada sanación por heterosugestión no es permanente, puesto que tan pronto como el sanador deja de dar sugestiones al paciente, este último comienza a recaer en su estado anterior. Se obtienen resultados mucho mejores si se enseña al paciente a utilizar la autosugestión por sí mismo. Por lo tanto, se ve que el uso de la mente para influir en los demás es claramente perjudicial si se emplea de forma egoísta, y no tiene ninguna utilidad real si se utiliza de forma desinteresada. El hipnotismo es perjudicial, sea cual sea la manera en que se utilice, y también es perjudicial para el paciente. Por ello, algunos de nuestros neurólogos más reflexivos han abandonado su uso.

No tenemos derecho a tratar de influir en otras personas mediante el uso de nuestras fuerzas interiores, aunque nuestro objetivo sea su bien. Cada alma tiene derecho a vivir su vida a su manera, y a elegir por sí misma el bien o el mal. Ese es el objetivo de la vida, para que cada alma en evolución aprenda la sabiduría a través de las lecciones aprendidas como resultado de sus propios errores. Mucho peor es si se coacciona a los demás, no para ayudarles, sino para estafarlos o hacerles comprar bienes que no necesitan, o firmar acuerdos que de otro modo no firmarían.

El que hace un mal uso de sus poderes mentales y espirituales literalmente destruye su vida. Trabaja en contra de las leyes de la vida y del universo, y conlleva su propia ruina.

Sin embargo, hay una forma mucho más sutil de utilizar mal las fuerzas mentales y espirituales que mediante la coerción, la dominación de la mente y la heterosugestión. Este método es igualmente destructivo y si se persiste en él se construye un futuro doloroso. Con este método no se ejerce influencia o dominio sobre otras personas, sino que las fuerzas más sutiles de la Naturaleza son coaccionadas por la voluntad humana. Se hacen demandas mentales a la sustancia invisible de la que, se nos dice, están hechas todas las cosas, y se obliga a que aparezca la riqueza. Asimismo, se afirma que se elimina la enfermedad, y se obliga a las fuerzas invisibles de la vida a operar de tal manera que el camino de la vida se convierta en un lecho de rosas, sin espinas, de modo que la vida quede despojada de toda su disciplina y experiencia. Sus devotos "entran en el silencio", y allí visualizan exactamente lo que creen que quieren y lo obligan a aparecer, en forma material, por la fuerza de su deseo o mediante el ejercicio de su voluntad. Algunos seguidores de este culto pueden tener un éxito aparente, pero nunca he conocido a ninguno. Sin embargo, si lo hacen, vivirán para lamentarlo, pues no son más que practicantes de magia negra. Sus esfuerzos son de la misma naturaleza que la brujería. Todos estos métodos acumulan una pesada deuda de sufrimiento futuro, y obstaculizan seriamente al alma en su viaje evolutivo. Entrar en el silencio es algo bueno: es realmente entrar en el silencio interior del alma, el santuario interior donde el Espíritu Divino mora en plenitud. Usar mal este poder interior para fines egoístas y materiales, y para forzar nuestra voluntad humana sobre la vida, de modo que se ajuste a lo que creemos que debe ser, es un crimen de primera magnitud, que solo puede dar como resultado el fracaso y el desastre final.

CAPÍTULO 13

SUPERAR LIMITACIONES Y DESPERTAR PODERES INTERNOS

Las limitaciones pueden ser superadas a través de la realización de la Verdad. Cuando decimos esto, se da por sentado que se harán todos los esfuerzos en el plano físico. Es necesario bañarse, hacer ejercicio y respirar aire fresco para estar bien. Es igualmente necesario trabajar duro y dar lo mejor de lo que somos capaces, en servicio, a cambio de lo que recibimos en forma de suministro, para que podamos tener éxito. Si tienes un jardinero, debes pagarle. El dinero que le pagas es parte de lo que has ganado con el sudor de tu cerebro. Por lo tanto, intercambias el trabajo de tu cerebro por el trabajo de sus manos, y se ayudan mutuamente, dando y recibiendo, y sirviendo cada uno a la vida según su capacidad.

Dando todo esto por sentado, pasaremos al lado metafísico de nuestro tema. Por cierto, esto es mucho más importante, pero el trabajo práctico externo es indispensable.

Para superar las limitaciones es necesario conocer la Verdad y vivir en la conciencia de ella. Por ejemplo, si la mala salud es nuestra limitación, entonces, para liberarnos es necesario que vivamos en la conciencia de la Totalidad de Dios y de su Idea Divina. Si nuestra limitación son los medios restringidos, es necesario que vivamos en la conciencia de la naturaleza inagotable e ilimitada de la sustancia de la que el Creador trae todo a la manifestación. Si nuestra limitación es la desarmonía y la infelicidad, entonces debemos sintonizarnos con la armonía divina de tal manera y en tal medida que haga que se refleje en la vida exterior.

No importa cuál sea nuestra limitación, podemos encontrar la liberación y la salvación al mirar a nuestra Fuente Divina, comprendiendo de que en la Realidad Perfecta se satisfacen todas nuestras necesidades, y luego vivir en la conciencia de esta verdad.

Además de las causas físicas, la enfermedad es un signo externo de una guerra o desarmonía interna, causada por pensamientos, emociones, creencias y actitudes equivocadas de la mente y el alma hacia la vida y Dios. En otras palabras, la vida se vive en una conciencia de "error" de enfermedad y dolencia.

En primer lugar, la vida interior tiene que ser ajustada de tal manera que armonice con las leyes de nuestro propio ser y el propósito Divino de la vida. Debe haber una entrega interior al principio del amor, después de lo cual los pensamientos deben ser puestos bajo control para que las emociones que destruyen la salud ya no puedan perjudicarla. Además, toda la conciencia debe elevarse, tan a menudo como sea posible, a la realización de la perfecta Totalidad que es la realidad. Si se persevera en este camino, la conciencia de salud y plenitud se convierte en un estado mental permanente, con el resultado de que la salud se manifiesta en la vida.

La vida externa es siempre un reflejo o manifestación externa de lo que somos en nuestro interior, o de nuestro estado de conciencia. Por lo tanto, todo depende del tipo de conciencia en el que vivamos.

Quien vive en la atmósfera mental de la Totalidad Divina, de la salud y de la armonía, dirige inconscientemente todas las fuerzas interiores de la naturaleza hacia los canales de la salud. Por otro lado, quien vive en una atmósfera mental de mala salud, como lo hacen muy a menudo las personas enfermizas y poco saludables, dirige inconscientemente todas sus actividades subconscientes, de tal manera que producen enfermedad y dolencia.

Ahora bien, con respecto a la falta de medios, este estado también puede ser superado espiritualmente, si se vive en una conciencia superior de abundancia y plenitud. Esto afecta, inconscientemente, a cada acción de tal manera que produce un mejor estado de cosas. Por otro lado, quien vive en una atmósfera mental de limitación y carencia, dirige inconscientemente todas sus acciones hacia la producción de penuria y medios restringidos en su vida.

La misma regla se aplica para cualquier limitación que exista en la vida de uno. La libertad solo puede obtenerse comprendiendo la verdad sobre la vida y el ser. Cuando nos damos cuenta de la verdad, vivimos en la conciencia de ella y nos hacemos obedientes a las leyes de la vida y del ser, la vida se vuelve cada vez más libre. Esto no quiere decir que si somos de rasgos poco atractivos y una figura gordinflona, nos vamos a volver agraciados y hermosos; pero sí significa que estas llamadas desventajas ya no nos encadenarán, y que los demás verán en nosotros algo mucho más allá que la simple regularidad de los rasgos y la belleza de las formas. Cuando el alma está viva y la vida llena de amor, el rostro más sencillo se vuelve atractivo. Tampoco significa que no sufriremos dolores y tristezas, dificultades y adversidades, pero sí significa que dejaremos de intensificar estas cosas y de crear más problemas al tomar la disciplina de la vida con un espíritu equivocado. También significa que seremos capaces de superar todas las dificultades y pruebas de la vida, convertirnos en vencedores en la lucha y, al hacerlo, construir el carácter. Así, las tormentas de la vida, en lugar de destruirnos, solo consiguen hacernos más fuertes. Entonces, nuestro destino no depende de las tormentas de la vida, sino de cómo las afrontamos. Si nos rendimos ante ellas o, pensando que son malas y no son una disciplina necesaria, nos rebelamos y las resistimos, entonces naufragamos en una costa desolada. Sin embargo, si nos armamos con el conocimiento de la verdad, podemos desplegar nuestras velas de tal manera que hagamos que las tormentas de la vida nos ayuden realmente a llegar al puerto deseado.

El primer paso en la dirección del conocimiento de la verdad es el pensamiento correcto. Cada pensamiento negativo debe ser transmutado en su opuesto positivo. Por ejemplo, el odio y la aversión en amor y buena voluntad; el miedo en confianza segura; la pobreza en abundancia; el mal en el bien absoluto, y así sucesivamente. Se verá que esto no es fácil, pero es posible, y que el poder de controlar los pensamientos aumenta con el paso de los años, si se persevera continuamente. Naturalmente, un principiante no puede esperar poder ejercer el mismo control que alguien que ha estado buscando perseverantemente el autodominio durante años, pero puede hacer un progreso sustancial y aprender día a día.

El resultado de pensar de esta manera es sorprendente. Al principio, la reversión del pensamiento puede parecer una simplicidad en sí misma y no llevar a ninguna parte en particular, pero después de un tiempo la inmensidad del tema se vuelve casi asombrosa. El cultivo y la práctica del pensamiento correcto conducen gradualmente al conocimiento de la Verdad. No un conocimiento intelectual de la verdad, sino una realización de la verdad, por parte del alma. Este es el conocimiento de la Verdad que libera a las personas. Entonces podemos mirar a través de todas las edades y saber que todo está bien. La pesada carga que nos ha oprimido durante tanto tiempo, cae de nuestros hombros, y nos liberamos.

Despertando los Poderes Internos

El ser humano es heredero de poderes maravillosos e ilimitados, pero hasta que no toma conciencia de ellos y se identifica conscientemente con ellos, permanecen dormidos, sin expresarse, y es como si no existieran en absoluto, en lo que respecta a su utilidad para el ser humano en su estado no despierto. Sin embargo, cuando despierta a la gran verdad de que es un ser espiritual, cuando aprende que el pequeño yo y la personalidad finita no son en absoluto su verdadero yo, sino una simple máscara del ser real; cuando se da cuenta de que su verdadero Yo es el Ego Espiritual, una verdadera Chispa Divina, o rama del Logos Eterno; cuando comprende que su cuerpo no es él mismo, que su mente no es él mismo, que incluso su alma no es él mismo, todos estos son solo vehículos a través de los cuales busca expresión, pero que él es espíritu, sin muerte, sin enfermedad, eterno, formando parte integral del Espíritu Único y siendo idéntico a él, entonces entra en una nueva vida de poder casi ilimitado.

No es aconsejable realizar ninguna práctica mística para intentar "forzar" el desarrollo y el despliegue. Los trances místicos son altamente peligrosos y también son innecesarios. Las experiencias psíquicas y el despertar de los centros psíquicos también son peligrosos y nos alejan de nuestro objetivo. Los ejercicios de respiración, cuyo objetivo es despertar los poderes internos, son altamente peligrosos y deben ser rechazados en consecuencia. El cultivo de la pasividad negativa, como la inhibición de todos los pensamientos y volverse bastante pasivo y abierto a cualquier influencia, también es peligroso y debe evitarse estrictamente.

En lugar de todas estas prácticas imprudentes, debe reservarse un breve periodo de tiempo cada noche y también si es posible por la mañana, para entrar en contacto con la Realidad. Entonces debes esforzarte por comprender que el cuerpo, la mente y el alma no son más que vehículos de expresión, simples servidores del verdadero Yo o Ego. Esto producirá, con el tiempo, una conciencia de identidad con el Único Espíritu Eterno. Lo que Jesús llamó "nuestro Padre en el cielo".

Se podría proceder de la siguiente manera:

"Yo no soy mi cuerpo. Mi cuerpo es simplemente algo que me permite vivir esta vida material y ganar experiencia".

"Yo no soy mi mente. Mi mente es simplemente un instrumento que utilizo y que obedece a mi voluntad"

"Yo no soy mi alma. Mi alma es simplemente una prenda de mi espíritu".

"Yo no soy mi voluntad. Mi voluntad es algo que yo, el verdadero yo, hago uso".

Y así sucesivamente. De esta manera te acercas gradualmente a la gran verdad que no puede ser expresada en palabras y que solo puede llegar a ser tuya a través de la realización o comprensión espiritual interna.

Adicionalmente, uno puede usar una declaración positiva de la Verdad, con reverencia, pero con plena confianza, como:

"Soy una rama en la Vid Verdadera".

Con el transcurso del tiempo, te sentirás poseedor de un tremendo e ilimitado poder y seguridad. Esto es una gran responsabilidad, ya que este poder debe ser utilizado solo en el servicio y no para fines egoístas. Si se emplea para la adquisición de riqueza y la obtención de poder temporal, el resultado inevitable será un gran desastre. Sin embargo, si se emplea correctamente, está destinado a tener una gran influencia, aunque inconsciente, para hacer el bien en la vida, y de esto no eres responsable. Esfuérzate constantemente por servir y bendecir a los demás, y entonces, como no las buscas, llegarán a tu vida multitudes de bendiciones sin ser solicitadas, siendo la gran felicidad una de las principales. Habiendo encontrado el reino de los cielos, experimentarás que todo el bien necesario te será añadido.

Este poder también puede utilizarse para fortalecer el carácter, para superar los conflictos del alma y para construir el cuerpo espiritual que será nuestro vehículo de expresión en los reinos superiores.

Sabiduría de Ayer, para los Tiempos de Hoy

www.wisdomcollection.com